KB018508

| 보험명의 정닥터의 |

보험
사용설명서

정 성 욱 지음

암 보험

손해사정

실손의료보험

혼합설계

후유장해

대|경|북스

보험명의 정닥터의 보험 사용설명서

1판 1쇄 발행 2023년 4월 28일
1판 3쇄 발행 2023년 5월 25일

지은이 정성욱

발행인 김영대
펴낸 곳 대경북스
등록번호 제 1-1003호
주소 서울시 강동구 천중로42길 45(길동 379-15) 2F
전화 (02) 485-1988, 485-2586~87
팩스 (02) 485-1488
홈페이지 http://www.dkbooks.co.kr
e-mail dkbooks@chol.com

ISBN 978-89-5676-955-4

안녕하세요!

저는 2017년부터 유튜브를 통해 '보험명의 정답터'라는 보험 방송 채널을 운영하고 있습니다. 해당 방송을 통해서 보험에 대한 그릇된 인식을 해소하고, 사고와 질병 등으로 어려움에 처했을 때 구독자분들의 가정과 경제에 도움이 될 수 있도록 여러 가지 정보를 제공해 드리고 있습니다.

미래에 어떤 질병이 걸릴지 또 어떤 사고가 발생할지 예측할 수 있을까요? 그 누구도 미래를 예측할 수는 없습니다. 그렇기 때문에 대다수의 사람들이 미래에 대한 불안감으로 보험에 가입하지만 실제 보험약관을 보면 설계는 거의 대동소이합니다.

- 동일한 구조의 비갱신형 설계
- 20년 납입 100세 만기 종합보험
- 한 번쯤은 가입해 본 적이 있는 종신보험

도대체 보험에 가입하는 목적이 무엇인가요? 나의 성별과 연령, 직업 등을 고려했을 때 가장 치명적인 위험은 무엇인지, 우선순위를 따져서 설계를 해보신 적이 있나요?

대다수의 사람들은 보험에 가입하면서 어떤 특약을 우선적으로 선택해야 하는지 모릅니다. 그래서 보통 이렇게 이야기하지요.

"설계사님! 알아서 좋은 보험 추천해 주세요! 저는 설계사님만 믿어요."

이보다 어리석은 결정도 없습니다. 설계사는 보험을 판매해서 수수료를 받는 직업인입니다. 당연히 위험을 과장할 수밖에 없고, 절판 마케팅을 할 수밖에 없습니다.

아이에게 더 치명적인 위험이 있고, 성인에게 더 치명적인 위험이 있습니다. 아이라면 암 등의 질병보다는 교통사고나 친구들끼리 장난치다 발생하는 사고로 인한 상해의 위험이 더 큽니다.

또 시간이 지나면 의학 기술이 점점 발전하고, 코로나19의 예처럼 예상하지 못했던 새로운 질병이 탄생하기도 합니다.

그렇기에 저는 이 책을 통해서 "보험은 점점 달라지고 있고, 사람들이 보험을 가입해야 하는 목적도 점점 변화한다."는 사실을 많은 사람들에게 알리고 싶습니다.

위험은 사람에 따라, 연령에 따라, 성별에 따라, 직업에 따라 다르기 때문에 설계사의 말만 듣고서 똑같은 특약으로 종합보험을 들어서는 안 된다는 사실을 알리고 싶습니다. 그래서 보험을 통해 상당수의 위험에 대비할 수 있고, 그래서 극적인 파국을 미리 예방할 수 있다는 사실을 아시기 바랍니다.

대다수의 사람들은 보험에 가입하려는 목적에 주목하기 보다는 설계부터 먼저 하려고 합니다. 또한 가입한 이후에도 보험료만 꼬박꼬박 낼 뿐 보험의 혜택을 제대로 누리려는 노력을 하지 않습니다. 이 때문에 보험 사용설명서가 필요합니다.

이 책을 통해서 보험의 구조와 보상 실무를 제대로 이해하고, 혼합설계를 올바르게 이해하실 수 있기를 바랍니다. 그래서 독자분들께서는 더 이상 보험 때문에 피해를 입지 않았으면 합니다.

- 숨은 보험금 타내는 비법서
- 암보험 사용설명서
- 후유장해 사용설명서
- 실손의료보험 사용설명서
- 혼합설계의 교과서

보험 전문가가 아닌 사람들이 자극적이고 거짓된 내용들로 꾸며진 영상을 올리는 것을보고 문제 의식을 느껴 '보험명의 정당터'라는 채널을 유튜브로 개설하여 보험 생방을 진행한 지도 벌써 5년이라는 시간이 흘렀습니다. 덕분에 "보험료를 줄였다." "못받을 뻔한 보험금을 받게 되었다."는 이야기를 들을 때마다 보람을 느끼고 행복했습니다.

구독자 여러분들, 그리고 혼합설계를 실천하는 착한 보험 설계사들의 소중한 노력과 열정 덕분입니다. 혼합설계로 성공한 설계사님들의 공통점은 끝없이 보상을 실천했다는 것입니다. 다시 말해 보상을 위한 설계를 했다는 것입니다. 그렇기에 약관을 보고, 판례도 보고, 고객의 상황에 맞게 위험을 예측하여 보험금을 받게 해줄 수 있는 특약 위주의 혼합설계로 개개인에게 맞춤설계를 해드린 겁니다.

이 책은 고객을 위한 진정한 혼합설계와 보상실무의 실사례를 담고 있습니다. 이 책을 통해서 더 이상 몰라서 보험금을 못 받는 일이 없어야 합니다. 더 이상 잘못 설계해서 해지와 재계약을 반복하는 일이 없어야 합니다.

독자 여러분!

혼합설계를 통해서 든든한 보장자산을 만드시기를 간절히 바랍니다. 고객에게 유리한 보장자산을 꾸준하게 업그레이드하시기를 바랍니다.

저는 혼신을 다해서 명품 혼합설계를 전 국민에게 알리고 싶습니다. 이 책을 읽는 모든 분들이 더 이상 보험 때문에 손해보는 일이 없었으면 좋겠습니다. 이것이 꿈이 아닌 현실이 될 것으로 확신합니다. 우리의 꿈은 이루어집니다.

　마지막으로 이 책이 나오기까지 도움을 주신 박미희 사업단장님, 이남주 전무님을 비롯한 착한보험을 손수 실천하고 있는 보험설계사 분들과, 브랜딩포유 장이지 대표님, 대경북스 김영대 대표님에게 감사 인사를 드리고 싶습니다.

　또한 혼합설계를 실천하는 모든 보험 설계사분들게 이 책을 바칩니다.

　감사합니다.

2023년 3월

※ 본문에 첨부된 QR코드는 본문 내용과 관련된 '보험명의 정닥터'의 유튜브 영상 링크입니다.

차 례

제1장 반드시 알아야 할 보험 기초 지식

제2장 보험금을 둘러싼 주요 논쟁

제3장 후유장해 특약의 모든 것

제4장 실손의료보험의 모든 것

제5장 보험 혼합설계의 마법

질병 찾아보기

1

반드시 알아야 할 보험 기초 지식

보험 설계는 왜 중요한가

　　필자는 지난 15년 동안 보험 일을 하면서 수많은 사람들과 만났습니다. 하지만 그중에서 자신이 가입한 보험에 어떤 보장과 혜택이 있는지 정확하게 알고 있는 분은 극소수였습니다.

　　보험에 가입하는 목적은 무엇일까요? 일단 순수한 위험 대비, 즉 치명적인 위험에 대비하는 거죠. 그렇다면 여기에서 치명적 위험이란 과연 무엇일까요? 한창 경제 활동을 해야 할 나이에 혹시라도 발생할 위험이 당장 경제적으로 커다란 손해를 끼치거나 남은 가족들이 겪을 수 있는 경제적 어려움 등이 될 수 있겠죠.

　　보험에는 수많은 특약이 있는데, 모든 가입자가 그 많은 특약을 다 이해하는 것은 불가능할 겁니다. 게다가 그 많은 특약들은 시간이 가면서 계속 달라집니다. 때로는 보장이 커지기도 하고, 새로 만들어지기도 하고, 줄어드는 경우도 있습니다. 그래서 기준과 시기가 매우 중요합니다.

갑자기 암, 뇌졸중, 급성심근경색증이 올 수도 있고, 또는 갑작스러운 사고로 다쳐서 입원하거나 사망에 이를 수도 있습니다. 이런 경우라면 보통의 일상 생활이 불가능하겠죠. 직장 생활을 못하게 되니 소득이 단절될 수도 있고, 장기간 병원이나 요양원에 입원할 수도 있습니다.

보험이 필요한 이유는 여기에 있습니다. 치명적인 위험에 대비하는 것이죠. 설계사의 말만 믿고 100세 만기로 온갖 특약이 들어 있는 보험을 제대로 살펴보지도 않은 채 가입해서 만기까지 보험료를 납입하는 것만은 피해야 합니다.

예를 들어 가장이 암 진단 시 5,000만 원을 받는 보험에 가입하여 5,000만 원을 받았는 데도 일을 못하게 되었으니 4인 가족이 치료비와 생활 자금으로 쓰기에 부족하다면, 복층 설계를 해서라도 암 판정 시 1억 원 이상을 받는 보험을 준비해 볼 수 있습니다. 또한 뇌질환이나 심장질환 등 위험이 큰 질병 순으로 특약을 만들 수도 있습니다.

한편 후유장해의 경우 가입 금액을 최대한 크게 준비하는 게 중요한데, 이 경우에는 납입 여력이 문제가 됩니다. 납입 여력은 상황을 충분히 검토하고 납입 기간과 보장 기간을 잘 설정해서 현명하게 우선 순위대로 준비하는 게 좋습니다.

보통 보험회사가 보험 상품을 판매할 때 사망을 메인으로 하기 때문에 여러 보험사에 중복해서 가입하는 경우가 많습니다. 그렇지만 생존 보장에 속하는 암 진단비나 뇌졸중 또는 심근경색의 경우 보장 한도가 크지 않습니다. 이처럼 종합보험만으로는 치명적 위험에 대비할 수 없습니다. 그래서 치명적 위험별로 보험사를 나누어 가입하면 정액 보장이기 때문에 중복으로 보험금을 받을 수 있게 됩니다.

한편 특약의 종류는 매우 많지만, 지속적으로 상품이 변화하고 있습니다. 그러한 점을 비춰볼 때 종합보험으로 수많은 특약을 함께 구성하는 것은 바람직하지 않을 수 있습니다. 이것이 바로 대다수의 소비자들이 피해를 보는 보험 설계 방식입니다. 그러므로 건강보험이라 할지라도 필요한 특약만 골라 담는 것이 필자가 주장하는 치명적 위험을 대비한 설계입니다.

예를 들어 건강보험 상품에 상해 후유장해를 넣으면 보장 3억 원, 보험료는 만 원입니다. 뇌졸중 진단비를 넣으면 보장 5천만 원, 보험료는 2만 원입니다. 앞으로 독자분들은 자신에게 필요한 특약만 골라서 가입하시기 바랍니다.

여러 보험회사의 상품을 비교해서 한도가 높고 보험료가 저렴한 상품을 찾는 것이 바로 보험 설계의 이유입니다. 당장 내게 그 위험이 일어나지 않는다고 하더라도 위험을 대비하기 위해 저렴한 비용을 지불하고 있기 때문에 보험료가 아깝지 않은 겁니다.

요즘은 뇌졸중보다는 보장 범위가 넓은 뇌혈관질환 또는 심장질환에 대비한 다양한 특약이 확대되고 있습니다. 산정 특례 대상 진단비 특약의 경우 과거에는 판매하지 않았던 보험들이 출시되고 있고, 치명적 위험을 대비하면서도 업그레이드되어 보장자산을 늘려주는 형태로 진화하고 있습니다.

그렇기 때문에 잘 모른 채 설계사의 말만 듣고 계약하면 나의 기준에 맞춰서 보장자산을 늘리는 방향으로 설계하는 게 아니라 평균적이고 막연한 위험에만 대비하는 방향으로 보험에 들게 됩니다. 그렇게 되면 보험료도 비싸고, 내가 정말 필요할 때 원하는 보장을 제대로 받을 수 없게 됩니다.

보험 가입은 이득인가, 손해인가

　많은 가입자분들이 보험으로 피해를 보는 이유는 보험에 가입하는 목적과 이유를 먼저 정하지 않고, 진단비가 중요한지, 후유장해가 중요한지, 수술비가 중요한지 등을 고려하지 않고 보험 설계를 하기 때문입니다. 성별이나 나이에 맞게 보장의 우선 순위를 정하지 않았기 때문에 비효율적인 보험 설계가 되어버립니다. 그래서 보험 설계 시에는 기준이 매우 중요합니다.

　보험료가 더 저렴한 보험회사를 찾아서 특약을 선택할 수 있습니다. 기준을 정하지 않고 보험회사 한 곳만을 선택해서 설계하면 암 보험료가 비싸게 설계되기도 하고, 후유장해의 한도가 적게 설계되기도 합니다. 또한 피보험자의 나이가 어린 데도 불구하고 혈관질환 관련 보험료가 매우 비싸게 설계되기도 합니다. 이 때문에 부담되는 보험료 때문에 해지로 이어지고, 또 다른 보험회사와 계약하는 악순환이 반복됩니다.

진단비가 우선인지, 수술비가 우선인지, 후유장해가 우선인지 등의 기준을 정한 다음 그것을 상담해 줄 수 있는 설계사를 만나는 것이 중요합니다.

누가, 왜, 어떤 보장을 받을 것인가가 바로 보험에 가입하는 목적입니다. 피보험자가 상해 위험이 굉장히 높아 보이는 상황일 수도 있고, 건강 검진을 앞두고 있는 상황일 수도 있습니다. 여성분이라면 유방이나 생식기쪽의 정기 진료를 받는 연령대일 수도 있습니다. 연령, 성별, 개개인이 처한 상황 등에 맞춰 피보험자의 가입 목적에 적합한 특약을 선택하면 됩니다.

"고객님은 암 수술비가 좀 더 중요합니까? 혈관질환이 좀 더 중요합니까?"라는 질문에 "잘 모르겠습니다."라고 대답하면 안됩니다. 자신의 성별·연령 등에 맞추어 통계나 확률적인 데이터를 가지고 심사숙고해야 합니다.

성별과 연령별로 보험금이 어떻게 지급되고 있는지 궁금하다면 질환별 통계치를 찾아보면 됩니다. 30대 여성의 경우에는 여성 암의 발생 통계치를 참고하여 자궁경부이형성증 제자리암, 유방의 제자리암 또는 N코드, D코드 등 여성들에게 흔히 일어날 수 있는 부인병과 질환의 코드를 중점적으로 설계하면 성공률이

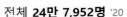

암발생자수 ──
전체 **24만 7,952명** '20

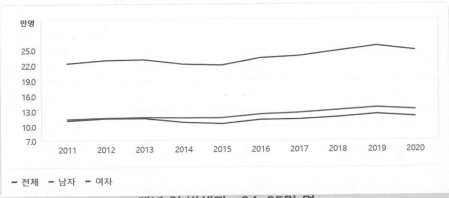

매년 암 발생자 : 24~25만 명

※ 출처: KOSIS(보건복지부, 암 등록 통계)

높아집니다.

　위 자료를 보면 2015년 이후 매년 암 환자 수는 계속 증가하는 추세였다가, 2019년을 기점으로 조금 줄어들고 있습니다. 대한민국에서 24~25만 명의 암환자가 매년 발생합니다. 이런 통계 자료를 참고하여 젊은 여성에게 발생하는 질병을 위주로 맞춤 설계를 하면 됩니다.

　그렇다면 어떤 것들을 우선 순위에서 배제해야 할까요? 대체로 경미한 사고나 소소한 질병은 보장에서 제외시켜도 됩니다. 어차피 보험금은 정해진 금액으로 보장받습니다. 치료비가 20~30만 원 정도라면 굳이 보험으로 보장받지 않더라도 생활이 어려워진다거나 치료를 포기하게 만들지는 않습니다.

피보험자의 상황에 맞게 설계한다는 것은 무슨 뜻일가요? 먼저 여성인지 또는 남성인지, 즉 성별에 따라 설계 시 보험료가 크게 차이나는 특약들이 있습니다. 동일 연령이라도 일반암은 남성이 비싸지만, 유사암은 여성이 비쌉니다. 위험률과 통계치가 다르기 때문입니다.

또 유아, 청소년, 성인, 중장년, 노년 등에 따라 설계가 달라집니다. 가족력(유전력), 식습관, 과로, 스트레스, 운전 습관, 직업, 소득, 가족 구성, 보험 이해도 등도 설계에 영향을 미치는 중요한 요인입니다.

Q. 피보험자가 여성이라면 어떤 보장이 중요할까요?

유방암 및 자궁암(생식기암), 갑상선암이 중요합니다. 다시 말해 유사암이 중요합니다. 여성에게 유방암·자궁암 등 생식기암은 치명적입니다. 유방 상피내암은 침윤이 되지 않았더라도 양쪽 유방을 모두 절제할 수 있습니다.

유사암 : #갑상선암 #경계성종양 #제자리암 #기타피부암

중요한 특약을 할 때에는 발생 통계를 고려해야 합니다. 개개인마다 처한 상황에 따라 위험이 달라질 수 있고, 질병에 의한 위

험은 증가할 수도 있습니다. 그렇기 때문에 사람에 따라 필요한 보장 금액이 확실해야 든든한 보험이 될 수 있습니다.

하지만 종합보험 또는 종신보험으로는 위험에 대한 대비를 절대 충분하고 든든하게 할 수 없습니다. 무작정 종합보험에 가입하거나 설계사의 말만 듣고 잘 알지도 못하는 특약을 모두 때려넣는 설계는 피하시기 바랍니다.

그 이유는 다음과 같습니다.

● 의학 기술도 발전하고 검사 방법도 발전하기 때문입니다.

● 암을 치료하는 방법들도 달라지기 때문입니다.

● 보험회사가 판매하는 상품이 계속 변화되기 때문입니다.

● 피보험자의 건강 상태 또한 바뀔 수 있습니다.

제대로 알지도 못하는 특약을 모두 때려넣어 특약 갯수만 50~60개인 100세 만기 조건의 보험에 가입하면 과연 완벽할까요? 보험 만기에 욕심내지 마세요. 100세 만기로 위험 대비가 완벽한 게 아닙니다.

복층설계를 하고 혼합설계를 해야 합니다. 납입은 길게, 보장은 크게 설계해야 합니다. 시간이 지나면 보험금의 가치는 하락합니다. 위험은 발생하지 않을 수도 있습니다. 납입하는 보험료는 결국 소멸됩니다.

독자분들이 보험과 관련하여 주의할 점을 정리해서 말씀드리면 다음과 같습니다.

① 보험은 소모품처럼 가입하는 것이 최고입니다. 우선 순위를 정해서 자신에게 필요한 위험만 집중 설계해서 가입하는 게 최선입니다.

② 질병 위험은 증가할 수 있습니다. 건강 검진 후의 추가 검사에서 유병자가 될 수 있습니다. 이때 알릴 의무를 꼭 알고 계셔야만 합니다. 알릴 의무에 대해 숙지하고 계시고, 절대 경솔하게 실손 청구를 하시면 안 됩니다.

③ 20년 납입은 매우 긴 시간입니다. 2~3년 이내 보험을 해지하는 사람은 과연 얼마나 될까요? 종합보험에 가입하신 후 10년이 지나도록 무관심하게 방치하고 계시나요?

④ 약을 복용하거나 정기적으로 치료를 받는 분들도 경증 유병자로 좋은 상품에 가입할 수 있습니다. 수술, 입원, 통원, 투약, 실손 청구가 있다고 해서 무조건 비싼 유병자 보험만 있는 것이 아닙니다. 보험은 계속 달라집니다. 기본 특약이 최소이며, 한도가 커서 종합보험보다 더 저렴한 경증 유병자 보험도 출시되고 있습니다.

⑤ 과장·공포 마케팅에 현혹되시지 마시길 바랍니다. 이것이야말로 인간의 심리를 이용해서 보험을 판매하는 게 아니겠습니까. 이슈 편승, 말 바꾸기, 절판, 특히 짧은 유튜브 광고에 속지 마시기 바랍니다.

⑥ <u>보험은 계속 신상품이 나올 수밖에 없습니다.</u> 판매해야 하는 보험회사와 보험을 구매해야 하는 보험 가입자들이 있습니다. 즉 매일 해지와 신규 계약이 있어야 합니다. 그렇기 때문에 결국 새로운 상품이 나올 수밖에 없습니다. 새로운 계약이 없으면 보험회사는 망하게 됩니다. 보험은 상품입니다. 돈을 주고 구입하는 무형의 상품입니다. 사람들마다 다양한 니즈가 존재합니다. 그래서 보장을 더 좋게 느낄 수 있도록 복잡하고 다양하게 만드는 것이 보험회사의 마케팅 전략입니다.

⑦ <u>효율성을 고려해서 비갱신＋갱신 조합으로 설계하는 복층설계와 회사마다 특약을 골라서 설계하는 혼합설계가 필요합니다.</u> 그렇기 때문에 100세 만기 암 진단비 1천만 원보다 30년 만기 암 진단비 3천만 원이 나올 수도 있습니다. 현재 경제적인 여유가 없다면 보장은 크게 하고, 갱신형으로 준비하시는 것이 효과적입니다.

보험은 자신의 상황에 맞게 맞춤형으로 가입해야 합니다. 개인의 상황에 따라 위험의 종류와 정도가 달라지므로 시간이 지나면 보험은 보완할 수밖에 없음을 알아두시기 바랍니다.

보험의 의의 및 분류

보험의 의의

'보험'이란 동질(同質)의 경제적인 위험에 놓여 있는 다수인이 하나의 단체를 구성하여, 미리 통계적 기초에 의해 산출한 일정한 금액(보험료)을 내어 일정한 공동자금(기금)을 만들고 현실적으로 우연한 사고(보험사고)를 입은 사람에게 이 공동자금에서 일정한 금액(보험금)을 지급하여 경제 생활의 불안에 대비하는 제도입니다.

보험의 분류

국가나 그밖의 공공단체가 공동 경제적 목적으로 운영하는 보

험을 공보험^(公保險)이라 합니다. 이러한 공보험의 예로는 산업재해
보상보험, 선원보험, 국민건강보험, 수출보험 등이 있습니다.

　개인이나 사법인이 사경제적 목적으로 운영하는 보험을 사보
험^(私保險)이라 합니다. 이러한 사보험의 예로는 생명보험, 손해보
험 등이 있습니다.

<u>보험의 종류</u>

「상법」에 따른 보험의 종류

　인보험^(人保險)은 피보험자의 생명이나 신체에 보험사고가 발생
할 경우 보험회사가 보험계약으로 정한 보험금이나 그밖의 급여
를 지급하는 보험으로 생명보험, 상해보험 등이 이에 해당합니다
_(「상법」 제727조 및 「상법」 제4편제3장제2절 및 제3절).

　손해보험^(損害保險)이란 보험회사가 보험사고로 인해 생길 피보
험자의 재산상의 손해를 보상하는 보험으로 화재보험, 운송보험,
해상보험, 책임보험, 자동차보험 등이 이에 해당합니다<sub>(「상법」 제
665조 및 「상법」 제4편제2장제2절부터 제6절까지)</sub>.

「보험업법」에 따른 보험의 종류

　생명보험이란 위험 보장을 목적으로 사람의 생존 또는 사망에
관하여 약정한 금전 및 그밖의 급여를 지급할 것을 약속하고 대

가를 수수하는 계약으로 다음과 같은 계약을 말합니다(「보험업법」제2조제1호 가목 및 「보험업법시행령」제1조의2제2항).

- 생명보험계약
- 연금보험계약(퇴직보험계약을 포함함)

손해보험이란 위험 보장을 목적으로 우연한 사건(제3보험에 따른 질병·상해 및 간병은 제외함)으로 발생하는 손해(계약상 채무불이행 또는 법령상 의무불이행으로 발생하는 손해를 포함)에 대하여 금전 및 그밖의 급여를 지급할 것을 약속하고 대가를 수수하는 계약으로 다음과 같은 계약을 말합니다(「보험업법」제2조제1호 나목 및 「보험업법시행령」제1조의2제3항).

- 화재보험계약
- 해상보험계약(항공·운송보험계약을 포함함)
- 자동차보험계약
- 보증보험계약
- 재보험계약
- 책임보험계약
- 기술보험계약
- 권리보험계약
- 도난보험계약
- 유리보험계약
- 동물보험계약

- 원자력보험계약
- 비용보험계약
- 날씨보험계약

제3보험이란 위험보장을 목적으로 사람의 질병·상해 또는 이에 따른 간병에 관하여 금전 및 그밖의 급여를 지급할 것을 약속하고 대가를 수수하는 계약으로 다음과 같은 계약을 말합니다(「보험업법」 제2조제1호 다목 및 「보험업법시행령」 제1조의2제4항).

- 상해보험계약
- 질병보험계약
- 간병보험계약

인보험과 손해보험의 비교

	인보험(생명보험 및 제3보험)	손해보험
피보험자	보험사고의 객체인 사람	보험사고 발생 시 보상금을 받는 사람
보험금 청구권자	보험수익자	피보험자
보험 목적	사람(15세 미만 자, 심신상실자, 심신박약자는 사망보험의 피보험자가 될 수 없음)	사람, 법인, 물건 등(피보험이익 요건을 충족하면 모두 가능)
피보험 이익	없음	보험가액
보험금 지급 범위	계약체결 시 약정한 보험금	보험금액과 보험가액의 범위에서 실손보상
보험자 대위	불인정(다만 상해보험 등 실손보상 개념이 있는 경우 특약에 의해 보험자대위 인정 가능)	인정

※ 출처 : 금융감독원(2007). 금융생활안내서(보험편).

보험계약 절차

보험계약의 의의

보험계약이란 당사자 일방이 약정한 보험료를 지급하고 상대방이 재산 또는 생명이나 신체에 불확정한 사고가 발생할 경우에 상대방이 일정한 보험금이나 그밖의 급여를 지급할 것을 약정하는 계약을 말합니다(「상법」 제638조).

보험계약자

보험계약자란 회사와 계약을 체결하고 보험료를 납입할 의무를 지는 사람을 말합니다.

피보험자

피보험자는 손해보험과 인보험에 따라 그 의미가 다릅니다.

손해보험에서 피보험자란 피보험이익의 주체로서 손해의 보상을 받을 권리를 갖는 자를 말합니다. 인보험에서 피보험자는 보험계약에서 정한 보험사고의 대상이 되는 사람을 말하며, 보험사고의 대상은 피보험자를 기준으로 합니다.

따라서 손해보험에서는 피보험자가 보험금청구권을 가지나, 인보험에서는 피보험자가 보험의 목적에 불과하여 보험계약에서 아무런 권리를 취득하지 못합니다.

보험수익자

인보험에서 보험수익자란 보험금 지급사유가 발생할 때에 회사에 보험금을 청구하여 받을 수 있는 사람을 말합니다. 인보험의 보험수익자는 손해보험의 피보험자에 해당합니다.

인보험계약에서 보험계약자가 동시에 보험수익자이면 자기를 위한 인보험이고, 보험계약자와 보험수익자가 다르면 타인을 위한 인보험입니다.

보험계약의 체결 절차

보험계약의 체결은 다음과 같은 절차에 따라 이루어집니다.

보험계약의 체결 과정

1 가입 목적 설정 및 상품 선택	① 가입 목적 ② 지불 가능한 보험료 수준 ③ 피보험자, 수익자 등 결정 ④ 보험 선택(생명보험, 손해보험, 제3보험)
2 회사 선택	① 생명보험회사 ② 손해보험회사
3 가입 경로 선택	① 보험모집인을 통한 가입 ② 금융기관 대리점을 통한 가입 ③ 통신매체를 통한 가입
4 계약 체결	① 유의사항 : 계약 전 알릴 의무 이행, 타인의 생명 　보험 가입 시 서면 동의 ② 확인서류 : 보험계약청약서, 약관발급 및 중요한 　내용 설명, 보험상품 설명서(변액보험 운용설명 　서), 보험증권, 영수증
5 계약자 권리 확인 및 의무 이행	① 보험회사 승낙 전 사고 발생 시 사고 보장 ② 권리 : 보험금 지급청구권, 보험료 감액청구권, 　보험수익자 지정권 또는 변경권, 보험계약 이전 　시 이의 제기권, 보험 모집에 따른 손해 발생 시 　보상 청구권 ③ 의무: 보험료 납입 의무, 위험 변경·증가에 대한 　통지 의무, 보험사고 발생의 통지 의무, 손해 방 　지 의무, 보험 사기 행위 금지 의무
6 계약 유지	보험 회사의 관리 ※ 보험계약의 철회, 취소, 무효, 해지, 부활
7 사고 발생 시 보험금 청구	
8 보험금 지급　분쟁 발생	① 사고 조사 ② 보험사기일 경우 계약해지 및 형사처벌
9 분쟁 조정 절차	① 금융감독원 ② 한국소비자원 ③ 우체국보험분쟁조정위원회
10 분쟁 발생	조정 불성립 시 법원에 민사소송 제기

보험계약의 변경

보험계약의 무효

보험계약자 또는 피보험자가 보험계약 체결 당시 이미 보험사고가 발생하였거나 발생할 수 없는 것임을 알고 한 보험계약은 무효가 됩니다(「상법」 제644조 전단).

그러나 당사자 쌍방과 피보험자가 이런 사실을 알지 못하고 보험계약을 체결한 경우에는 무효로 하지 못합니다(「상법」 제644조 후단).

보험계약의 해지

보험사고가 발생하기 전 보험계약자는 언제든지 계약의 전부 또는 일부를 해지할 수 있습니다(「상법」 제649조 제1항 전단).

보험회사가 파산선고를 받은 때에는 보험계약자는 계약을 해지할 수 있습니다(「상법」 제654조제1항).

보험료가 연체되면 보험회사는 상당한 기간을 정하여 보험계약자에게 최고하고, 그 기간에도 보험료를 내지 않으면 계약을 해지할 수 있습니다(「상법」 제650조 제2항).

보험계약 당시 보험계약자 또는 피보험자가 고의 또는 중대한 과실로 중요한 사항을 고지하지 않거나 부실하게 고지한 경우 보험회사는 그 사실을 안 날부터 1개월 내에, 계약을 체결한 날부터 3년 내에 계약을 해지할 수 있습니다(「상법」 제651조 본문).

보험금의 지급 등

생명보험회사의 책임

보험회사는 피보험자의 사망, 생존, 사망과 생존에 관한 보험 사고가 발생할 경우에 보험금을 지급해야 합니다(「상법」 제730조).

손해보험회사의 책임

보험회사는 화재의 소방 또는 손해의 감소에 필요한 조치로 생긴 손해를 보상할 책임이 있습니다(「상법」 제684조).

보험회사는 피보험자가 자동차를 소유·사용 또는 관리하는 동안에 발생한 사고로 인해 생긴 손해를 보상할 책임이 있습니다 (「상법」 제726조의2).

보험회사는 피보험자가 보험기간 중의 사고로 제3자에게 배상 할 책임을 진 경우 이를 보상할 책임이 있습니다(「상법」 제719조).

보험회사는 피보험자가 제3자의 청구를 방어하기 위해 지출한 재판상 또는 재판 외의 필요비용을 보상할 책임이 있습니다(「상법」 제720조제1항 전단).

보험회사의 책임면책 사유

보험사고가 보험계약자 또는 피보험자나 보험수익자의 고의 또는 중대한 과실로 일어난 경우 보험회사는 보험금액을 지급하지 않아도 됩니다(「상법」제659조).

보험사고가 전쟁, 그밖의 변란으로 생긴 경우 당사자 간에 다른 약정이 없으면 보험회사는 보험금액을 지급하지 않아도 됩니다(「상법」제660조).

불이익 변경 금지

보험계약자와 보험회사는 당사자 간의 특약으로 보험계약자 또는 피보험자나 보험수익자에게 불이익하게 법률을 변경하여 적용하지 못합니다. 그러나 재보험 및 해상보험, 그밖에 이와 유사한 보험의 경우에는 그렇지 않습니다(「상법」제663조).

보험회사의 배상책임

보험회사는 보험대리점 또는 보험설계사[보험대리점 소속 보험설계사를 포함. 이하 같음(보험회사의 이익과 상충되지 아니하고 보험계약자 보호를 해치지 아니하는 경우로서 대리·중개하는 제3자를 포함하고, 보험중개사는 제외)] 또는 보험회사의 임원 또는 직원이 대리·중개 업무를 할 때 보험계약자에게 손해를 발생시킨 경우에는 그 손해를 배상할 책임이 있습니다. 다만 보험회사가 보험대리점 또는 보험설계사 등의 선임과 그 업무 감독에 대하여 적절한 주의를 하였고, 손해를 방지하기 위하여 노력한 경우에는 책임을 부담하지 않을 수 있습니다(「금융소비자보호에 관한 법률」 제45조제1항).

보험 계약자 및 보험업 종사자의 의무

보험계약자의 의무

보험계약자, 피보험자, 보험금을 취득할 자, 그밖에 보험계약에 대해 이해 관계가 있는 자는 보험사기행위를 해서는 안 됩니다(「보험업법」 제102조의2).

보험업 종사자의 의무

보험회사의 임직원, 보험설계사, 보험대리점, 보험중개사, 손해사정사, 그밖에 보험 관계 업무에 종사하는 자는 다음의 어느 하나에 해당하는 행위를 해서는 안 됩니다(「보험업법」 제102조의3).

● 보험계약자, 피보험자, 보험금을 취득할 자, 그밖에 보험계약에 관하여 이해가 있는 자로 하여금 고의로 보험사고를 발생시키거나 발생하지 아니한 보험사고를 발생한 것처럼 조작하여 보험금을 수령하도록 하는 행위

● 보험계약자, 피보험자, 보험금을 취득할 자, 그밖에 보험계약에 관하여 이해가 있는 자로 하여금 이미 발생한 보험사고의 원인, 시기 또는 내용 등을 조작하거나 피해의 정도를 과장하여 보험금을 수령하도록 하는 행위

보험모집인의 금지 행위

보험모집인은 보험모집 시 법률에 위반된 행위를 해서는 안 됩니다(「보험업법」 제97조제1항).

보험모집인은 보험계약자에게 특별이익을 제공하거나 제공약속을 해서는 안 됩니다(「보험업법」 제98조).

보험계약의 부활

보험계약자는 보험계약의 체결 또는 모집에 종사하는 자가 부당하게 기존 보험을 소멸시키거나 소멸하게 한 경우 해당 보험계약의 체결 또는 모집에 종사하는 자가 속하거나 모집을 위탁한 보험회사에 해당 보험계약이 소멸한 날부터 6개월 내에 소멸된 보험계약의 부활을 청구하고 새로운 보험계약을 취소할 수 있습니다(「보험업법」 제97조제4항).

보험금 청구 절차와 방법

　여기에서는 보험금 청구 절차와 구체적인 방법을 설명하겠습니다. 평소에 보험약관과 증권을 잘 살펴보시고, 보험금 지급 사유 해당 여부를 파악하고 계시는 것이 좋습니다.

보험금 청구 절차

● 보험금 청구 문의

　보험계약의 내용을 확인하고 콜센터, 홈페이지, 담당 설계사를 통하여 구비 서류를 확인합니다.

● 보험금 청구(접수)

콜센터, 팩스, 인터넷, 고객센터, 모바일로 접수할 수 있으며, 보험사는 접수번호, 담당자명 등을 SMS로 통지합니다.

● 보험금 지급 심사

보험사에서는 심사 및 조사 여부와 청구 서류 및 조사 내용을 검토한 후 보험금 지급 여부를 결정합니다.

● 손해 사정/사고 조사

필요한 경우에는 보험회사가 선임한 손해 사정사가 보험금 또는 손해액을 산정합니다.

● 보험금 청구 진행 결과 안내

서면, SMS, 이메일 중에서 고객이 선택한 방법으로 접수번호, 청구사유 및 사고내역 등에 관한 정보를 안내합니다.

● 보험금 지급

보험금은 청구 접수일로부터 3 영업일 이내에 지급하는 것이 원칙(일부상품군은 다름)이나, 조사나 확인이 필요한 경우에는 청구 접수일로부터 10 영업일 이내에 지급합니다. 보험사에서는 특약, 보장 내용별 세부 산출 내역 등 지급 내역을 상세하게 안내합니다.

보험금 청구 방법

보험 수익자는 보험 사고가 발생한 즉시 보험사에 알리고, 보험금 청구 등 관련 서류를 준비하여 보험금을 청구해야 합니다.

보험금 청구에 필요한 구비 서류는 사고 종류, 사고 내용 등에 따라 차이가 있으므로 보험사의 보상 담당자에게 사고 접수 시 보험금 청구서 양식 및 필요한 서류를 자세히 안내받으셔야 합니다.

사고 내용 특성, 상품^(보장내역)에 따라 회사별로 추가 서류를 요구할 수 있으므로, 자세한 사항은 각 보험사의 콜센터^(홈페이지)에 문의하시면 됩니다.

보험금 청구 시 체크포인트

① 보험금 지급 대상

내가 가입한 보험 상품이 보장하는 위험에 대한 사항은 보험 증권에 일목요연하게 정리되어 있습니다. 보험증권에는 보장하는 사고의 종류와 가입 금액이 간략하게 기재되어 있으므로, 사고별 자세한 내용은 '보험약관'에서 찾아보셔야 됩니다.

약관에서 '담보' 또는 '보장내용' 등이 설명된 부분이 보험금을 지급하는 보험 사고를 설명합니다.

② 실손의료보험 비례 보상

실손의료보험 상품의 경우 비례 보상이 원칙이므로, 여러 보험사의 다수 상품에 가입하였더라도 계약자가 실제 부담한 치료비 이상의 보험금을 중복 수령하실 수 없습니다.

실손의료보험 보험금 청구 서류 접수 대행 서비스

실손의료보험을 2개 이상의 회사에 가입하신 경우, 회사마다 제출해야 하는 고객님의 청구 서류를 다른 보험회사로 대신 전송해드리는 서비스입니다.
입원/통원의료비 청구 시에만 해당되며, '실손의료보험 보험금 청구서류 접수 대행서비스 신청서'를 작성하여 제출하시는 건에 한하여 해당 서비스가 제공됩니다.

---

③ 보험금 청구 방법

▶ 진단서 등 사본 인정 기준 확대 : 소액보험금(100만 원)의 경우 원본이 아닌 사본으로 청구 가능

▶ 회사별로 보험금 청구를 편리하게 하기 위한 모바일앱, 홈페이지를 통한 보험금 접수 가능

▶ 보험금 지급계좌 사전 등록 가능

보험금 청구 시 유익한 꿀팁

① 100만 원 이하 보험금은 진단서 사본 제출 가능
② 돌아가신 부모님의 빚이 많더라도 사망보험금은 수령 가능
③ 보험금 지급이 사고 조사 등으로 늦어지면 가지급제도 활용
④ 치매, 혼수 상태인 경우 대리 청구인을 통해 보험금 청구
  가능
⑤ 지급계좌를 미리 등록하면 만기보험금 등 자동 수령 가능
⑥ 보험금 수령 시 연금 또는 일시금으로 수령 방법 변경 가능

④ 보험금 청구 서류

사고 내용, 특성, 상품^(보장내역)에 따라 추가 심사 서류를 요구할 수 있습니다. 자세한 사항은 각 보험사 홈페이지를 참고하시기 바랍니다.

※ 공통 서류
– 보험금 청구서^(계좌번호 포함) – 개인^(신용)정보처리동의서
– 신분증 사본
– 수익자 통장 사본^(자동이체 계좌 동일 시 제외)

※ 실손의료비
– 진단서 또는 입퇴원확인서^(병명 기재) – 진료비 계산 영수증
– 진료비 세부 내역서^(비급여 진료비가 없는 경우 생략 가능)

※ 진단금
- 암 : 진단서(반드시 한국표준질병사인분류번호가 기재된 진단서), 조직검
  사 결과지(암수술 시 수술 기록지 포함)
- 백혈병 : 골수검사지 및 혈액검사 결과지
- 뇌/폐/췌장암 : 방사선 판독 결과지(조직검사를 못할 경우)
- 간 : 방사선 판독 결과지 및 혈액검사 결과지(조직검사를 못할 경우)
- 뇌질환 : CT, MRI 검사 결과지, 영상 CD(MRI, CT, 뇌혈관조영술)
- 심질환 : 관상동맥조영술, 심전도, 심장효소혈액검사, 심초
  음파 등 각종 검사 결과지

※ 수술비
- 진단명(질병분류코드), 수술명, 수술일자 등이 포함된 서류
- 진료비 세부 내역서

※ 치매
- 진단서(신경과 또는 정신건강의학과 전문의 진단)- CDR 척도 검사 결
  과지
- MMSE-K 검사 결과지
- 치매 상태가 90일 이상임을 확인할 수 있는 진료 기록(경과기
  록지 등)

※ 사망
- 사망진단서(사체검안서) 원본
- 상속 관계 확인 서류(가족관계증명서 등)

※ 후유장해
– 후유장해 진단서(일부 장해에 따라 일반진단서로 대체 가능)
– 장해인등록증
– 정밀검사 결과지(MRI, CT, X-ray, 근전도검사 등)

자동차보험 과납보험료 환급받기

자신의 운전 경력이 자동차보험 가입 경력 인정 대상인지, 경력이 제대로 보험료 산정 시에 반영되었는지, 과납 보험료 금액 등을 확인하고 환급받을 수도 있습니다.

자동차보험 과납보험료는 〈파인〉(http://fine.fss.or.kr) '잠자는 내 돈 찾기' 코너에서 '자동차보험 과납보험료'를 클릭하면 자동차보험 과납보험료를 일괄 조회할 수 있습니다.

만약 과납보험료가 있을 경우 해당 보험회사를 통해서 환급받을 수 있으며, 보험회사의 고의·과실로 인한 과납보험료에 대해서는 이자도 돌려받을 수 있습니다.

반드시 들어야 하는 필수 보험

　보험에 가입하는 이유는 무엇일까요? 암이나 뇌졸중·급성심근경색증과 같은 치명적인 위험, 각종 질병이나 사고 등으로 경제적 손실이 발생할 수 있기 때문에 우리는 보험에 필연적으로 가입합니다.

　살아가면서 예측할 수 없고 예방할 수 없는 최악의 위험에 대비하여 경제적으로 도움을 받으려는 것이 보험에 가입하는 이유가 아닐까요?

● 예측할 수 없는 위험에 의한 사망 및 고도 장해
● 실직이나 노동 능력의 감소로 인한 경제적인 문제 발생
● 장기간 간병 및 독립적인 일상 생활이 불가능한 경우

평생 타인의 도움을 받아야 할 상황에서 가장 필요한 것은 보험이 아닐까요? 많은 사람들이 가지고 있는 보험에 대한 불신과 무관심의 이유는 보험에 들어도 경제적인 도움을 받지 못하고 오히려 보험료만 납입하고 손해를 보았던 안 좋은 경험 때문에 아닐까요?

그렇다면 좋은 보험이란 무엇일까요? 만기 시 납입한 원금을 돌려주는 보험일까요? 아니면 보장기간이 100세 만기이며, 비갱신형 20년 납입으로 설계된 보험일까요? 아닙니다. 최고의 보험은 바로 위험 대비를 잘한 보험입니다.

예를 들어 보겠습니다. 일산에서 부천까지 자동차를 직접 운전해서 출퇴근하는 40대 여성이라면 어떤 위험에 대한 대비가 가장 최우선일까요? 그녀는 매일 시속 90~100킬로를 넘나들면서 왕복 2시간 동안 직접 운전대를 잡습니다. 이 40세 여성은 매일 자동차를 운전합니다. 예측할 수 없는 '교통사고 위험에 크게 노출'되어 있습니다. 40세면 매우 젊은 나이인데, 만약 자동차 사고로 사망하거나 신체상의 장해가 남는다면 그 결과가 얼마나 치명적일까요? 만약 이 여성의 차량이 상대적으로 위험성이 높은 소형차라면 매일 운전할 때마다 사고가 발생하지 않기를 기도하면서 불안하게 운전하지 않을까요?

이때 최악의 위험은 교통사고로 사망하는 것이므로, 이에 대비한 교통 상해 사망 5억 원 특약을 꼭 추천합니다. 월 보험료는 5,500원입니다.

보험료 월 5,500원 ➡ 교통 상해 사망 보험금 5억 원

맞춤형 설계 요령

자잘한 위험(없어도 됨) Vs 큰 위험(무조건 필요함)

이처럼 피보험자의 생활 환경과 상황을 고려해서 맞춤형 설계를 해야 합니다. 그래서 저는 교통 상해 사망 보험금 5억 원인 보험을 제안드립니다. 보장자산 5억 원은 남은 가족들에게는 위로가 되고, 다시 시작할 수 있는 밑거름이 될 수 있을 테니까요.

몰라서 가입하지 않는 상해 후유장해보험

일상 생활에서 누구에게라도 일어날 수 있는 골절 사고, 낙상 사고로 금속판 고정술 같은 핀을 삽입하는 수술을 받는다면 당장 일상 생활이 힘들어집니다. 사고로 손목, 팔꿈치, 무릎, 발목, 척추 등의 관절 부위가 골절되면 운동 장해 및 기형 장해와 같은 영구장해가 남을 수 있습니다. 손해 사정사들이 1순위로 준비하는 최고의 생존 보장이 상해 후유장해입니다.

여러분들은 상해 후유장해를 얼마나 준비하고 있으신가요?

40세 여성의 경우 상해 후유장해 보험금 3억 원을 월 6천 원

으로 설계할 수 있다는 사실을 알고 계셨나요? 만약 회사별로 나누어서 설계한다면 후유장해라는 보장자산을 5억 원, 10억 원까지 준비할 수 있습니다.

최고의 생존 보장 40세 여성 설계(예시)
상해 후유장해 3억 원 : 월 6,000원

후유장해는 합산 보장, 반복 보장, 정액으로 보장받기 때문에 1회만 보장받고 소멸되는 특약이 아닙니다. 사고 시마다 신체 부위별 장해율로 반복·합산 보장을 받습니다. 가입 금액에 장해지급률로 보장을 받으므로 무조건 가입 금액을 크게 해야 합니다. 따라서 이것은 생존 보장 중에서는 최고의 특약이라고 강조하고 싶습니다.

그래서 위험 대비를 잘한 "좋은 보험은 저축보다 낫다."라고 이야기합니다. 다시 한 번 강조합니다. 위험 대비를 잘한 보험은 훌륭한 보장자산으로 든든한 버팀목이며, 남은 가족들에게는 희망이 될 수 있습니다.

보험으로 이익을 보려고 하지 마시고, 꼭 필요한 위험 대비를 잘하는 설계를 하시기 바랍니다. 중요한 위험에 대비하려면 혼합 설계로 해야만 보장자산을 크게 만들 수 있습니다. '위험 대비를 잘하는 설계' 그것이 최고의 보험에 가입하는 비법입니다.

종합보험으로는 제대로 위험 대비가 안 됩니다.

통합보험으로도 제대로 위험 대비가 안 됩니다.

보험에서 중요한 특약이란 무엇일까요? 위험 대비를 잘했다고 볼 수 있는 특약들에는 어떤 것들이 있을까요? 바로 #실비 #운전자 #화재 #일상생활배상책임 등이 있습니다.

이제부터 하나하나 살펴보도록 하겠습니다.

실비 (2023년 1월 설계 기준)

4세대 실손 30세 남성 기준 : 9,725원

4세대 실손 50세 남성 기준 : 18,737원

질병이나 사고가 없어서 다행입니다. 실손의료보험은 이익을 보려고 하는 보험이 아닙니다. 질병이나 사고가 발생하지 않았다 하더라도 위험 대비를 잘했으므로 절대 손해본 것은 아닙니다.

보험으로 손해를 보지 않으려면 병원을 자주 가고, 질병이나 사고가 흔하게 발생해야 합니다. 이게 가능할까요? 매월 소모되는 비용으로 생각하시고, '아직까지 건강하니 정말 감사하고 다행이다.'라고 생각하시기 바랍니다. 실손의료보험은 매년 1조 이상의 적자가 납니다.

운전자 : 형사적 책임 (2022년 12월 설계 기준)

자가용 기준 운전자 필수 특약 : 5,000원

운전자보험을 해지하는 이유는 보험료가 비싸기 때문 아닐까요? 최저 보험료 월 5천 원으로 운전자보험에 가입할 수 있지만, 운전자 필수 특약이 뭔지도 모르고 각각의 특약마다 보장 대비 보험료 또한 제대로 알지 못하니 '보통 운전자보험은 월 1~2만 원 정도 하지 않아?'라고 생각하시는 분들이 굉장히 많습니다.

운전자보험은 최저 보험료가 5천 원부터입니다. 운전자보험이 비싼 이유는 운전자 필수 특약과는 관련이 없는 다양한 상해 특약과 질병 특약들을 섞어서 설계했기 때문입니다. 그래서 보험료가 2~3만 원을 훌쩍 넘깁니다. 설계사가 특약마다 특성을 모르고 설계를 잘못해서 발생하는 문제입니다.

한편 운전자보험을 무조건 리모델링해야 하는 이유는 도로교통법이 계속 개정되고, 새로운 특약이 신설되며, 보험회사들이 과열 경쟁으로 보장 금액을 계속 높여서 마케팅하기 때문입니다.

● 도로교통법 개정

● 새로운 특약들이 생김

● 과열 경쟁으로 보장금액이 많아짐

결국 해마다 운전자보험은 좋아지고 있습니다. 물가가 상승하는 만큼 교통사고처리지원금의 형사 합의금 한도는 계속 커질 수밖에 없으니까요. 그래서 운전자보험은 계속 바꿔줄 수밖에 없습니다.

그렇다면 운전자보험의 필수 특약은 무엇일일까요?

운전자보험의 필수 특약 3가지는 ① 교통사고처리지원금, ② 변호사 선임비용, ③ 벌금입니다.

① 대인형사합의실손비는 2억 원입니다. 보험료는 2,789원입니다. 여러분이 12대 중과실 사고의 가해자가 되었다고 가정해 보겠습니다. 상대방 피해자는 사망했다고 가정합니다. 일단 사람이 죽었습니다. 얼마의 합의금이 필요할까요? 사람이 죽었는데 고작 몇 천 만 원으로 형사 합의를 할 수 있을까요? 여러분들이 운전자보험을 새로 가입하지 않았다면 원치 않게 경제적 손실은 저축만으로 만회할 수 있을가요?

② 대인형사합의실손비(중대법규위반, 42일 미만)는 1천만 원입니다. 보험료는 1,163원입니다.

③ 대인사고 벌금은 3천만 원이고, 보험료는 247원입니다. 대물사고 벌금은 500만 원이고, 보험료는 40원입니다.

④ 구속되어 재판을 받는다면 변호사를 선임해야 하는데, 변호사 선임비용은 5천만 원이고, 보험료는 287원입니다.

2,789원 + 1,163원 + 40원 + 287원 = 4,279원

아메리카노 1잔 가격입니다. 그래도 운전자보험으로 지출되는 보험료가 아까우신가요? 운전 중 가해자가 되어서 피해자가 사망하거나 중상해를 당했다면 평생 모은 재산이 형사합의금으로 날아갈지도 모릅니다.

화재 및 배상책임

주택 화재보험 : 약 2~3천 원

"불이야! 불~!" 화재보험에 가입하지 않은 분들이 의외로 많습니다. 불시에 다양한 이유로 일어나는 화재를 개인이 예방할 수 있습니까? 화재는 여러분들이 평생 모은 재산을 한순간에 잃게 만드는 가장 치명적인 위험입니다.

만약 화재로 인해 인(人) 피해가 발생한다면 그 책임은 누구에게 있을까요? 화재로 인해서 사람이 다치거나 죽었다면, 다른 건물로 불이 옮겨붙어서 수천~수억 원의 재산적 피해가 발생했다면 그 책임을 어떻게 해결하시겠습니까? 개인 재산으로 수억~수십 억 원의 피해를 보상할 수 있을까요?

화재보험은 여러분들의 소중한 재산을 지켜주는 꼭 준비해야 하는 필수보험이며, 보험료도 매우 저렴합니다.

화재보험에 비싸게 가입하실 이유가 전혀 없습니다. 월 3천

원 정도면 위험 대비는 충분합니다. 당장 보험증권을 꺼내서서 보장금액, 보험료 등을 따져보시길 바랍니다.

지금까지 ① 실비, ② 운전자, ③ 화재보험 및 배상책임 등을 알아보았습니다. 이런 특약들은 보험회사에서 이익을 얻는 특약이 아닙니다. 보험 가입자는 매달 발생하는 비용으로 생각하시고 필수로 꼭 준비해야 하는 특약들입니다.

가족 일상생활배상책임

이 보험도 반드시 가입해야 하는 특약입니다. 월 500원~1천 원 정도의 보험료로 '피보험자 본인과 생계를 같이하는 가족의 과실로 발생할 수 있는 법률상 배상책임 보상한도 1억 원'을 준비할 수 있습니다.

미성년자 자녀가 학교폭력을 행사했다면 부모에게는 손해배상 책임이 있습니다. 내 자녀가 학급 친구를 폭행한 경우 일상생활배상책임에서 보상이 될까요? 책임 무능력자 자녀가 초등학생이라면 일상생활배상책임으로 보상할 수 있습니다. 책임능력이 없는 가해자와 그 보호자의 책임 미성년자는 책임 능력이 없으므로 선생님이나 부모님에게 감독 책임이 있습니다.

미성년자의 행위가 고의적이라고 할지라도 감독자 책임을 지는 사람이 부모일 경우 보험에서 보상하는 범위에 해당하므로 보험사는 보험금 지급을 거부할 수 없습니다. 단 만 12세까지 책임능력이 없는 미성년자의 경우에 한해서입니다.

민법 755조 1항
책임능력이 없는 가해자와 그 보호자의 책임
「민법」제755조 제1항에 따라 가해자를 감독할 법정의무가 있는 자(부모 등 친권자)를 상대로 감독의무 위반에 따른 손해배상을 청구할 수 있습니다

종신보험은 무조건 손해일까

앞에서 종신보험 가입이 좋은 선택은 아니라고 말씀드렸습니다. 그렇다고 어렸을 때 부모님이 가입해 준 변액종신보험이 무가치한 것은 아닙니다. 이 기회에 종신보험의 숨은 장점들을 객관적으로 판단할 수 있는 눈을 가지시기 바랍니다.

해당 상품에 월 165,800원씩/15년 납입 조건으로 가입되었습니다. 피보험자는 1990년생 남성입니다. 상품명은 무배당 마스터플랜 변액종신보험입니다. 2005년 9월에 가입했고, 현재는 피보험자의 나이가 32세가 되었습니다. 15년 납입이라 보험료는 완납된 상태인 것을 확인할 수 있습니다.

보험을 제대로 알지 못하면 소비자는 막대한 피해를 보게 됩

무배당 마스터플랜 변액종신보험(80세 보장 15년 납입)

증권번호		계약일자	2005/09/29	납입주기	월납
계약자	40세 651***-2******	만기일자	종신	납입방법	자동이체
피보험자	15세 900***-1******	연금·학자금개시일		건강진단	무진단
입원장해시수익자	계약자 100%	특별조건부특약			
사망시수익자	계약자 100%	펀드유형	가치주식혼합형 100%		

특약명	가입금액	항목별 보험료
주계약	100,000,000원	110,580원
입원특약	50,000,000원	12,500원
수술특약	2,000,000원	3,920원
특정성인병진단	20,000,000원	11,000원
재해상해특약	50,000,000원	3,000원
특정질병치료특약	20,000,000원	1,600원
암치료 II 특약	20,000,000원	14,200원
재해사망특약	50,000,000원	9,000원

니다. 조금만 관심을 가지면 보험을 꿰뚫어보는 눈이 생길 겁니다. 현재는 이보다 더 좋은 보험 상품이 없습니다. 물론 17년이라는 시간이 지났기 때문에 최근 출시된 일부 특약에 대해서만 추가적으로 보완하면 됩니다. 이 상품은 변액보험이라 펀드로 운영됩니다. 종신보험이라는 이유로 욕을 먹을 이유는 보이지 않습니다. 손해보험의 종합보험과 비교해도 몇 배는 좋은 보험이라고 감히 말씀드릴 수 있습니다.

이처럼 2005년도에 가입한 변액 종신보험은 절대로 해지해서는 안 됩니다. 지금 어떤 새로운 보험을 제시하더라도 이 가입자 분의 완납된 보험의 보장 내역보다 좋을 수 없습니다.

그리고 변액 종신보험이지만 유니버셜 기능이 있는 종신보험 이냐, 아니면 CI보험이냐 또는 GI종신보험이냐에 따라 달라질 수 있습니다. 상품의 구조가 다양하기 때문입니다. 그럼에도 불구하고 색안경을 끼고 '변액'이고 '종신' 보험이면 앞뒤 안 가리고 비싸다고 일반화해서 폄하하는 것은 적절치 못합니다.

▶ CI보험(critical illness insurance, 치명적 질병보험=중대한 질병보험) : 종신보험에 중대한 질병에 대한 보장이 추가된 보험. 피보험자가 사망하기 전에 중대한 질병에 걸린 경우, 약정된 사망보험금의 일부(50~80%)를 미리 지급함.

▶ GI보험(general illness insurance, 일반적인 질병보험) : 종신보험에서 변경된 형태로 CI보험처럼 GI보험금 지급 사유에 해당하면 피보험자가 죽기 전에 일부를 먼저 지급하고, 나머지는 사망 후에 사망보험금으로 지급하는 형태.

▶ 유니버셜보험(universal insurance) : 중도 인출, 추가 납입, 납입 유예 등 입출금 통장과 비슷한 기능이 추가된 보험.

앞의 변액종신보험은 1965년생인 엄마가 1990년인 자녀가 15세가 되었을 때 종신보험으로 계약을 진행한 것으로 보입니다. 현재 피보험자의 나이는 32세입니다. 증권에는 가치주식혼합형 100%라고 되어 있습니다. 보험료로 매달 16만 원 정도를 납입하였습니다. 특약은 소멸성이고, 주계약에 대해서만 펀드로 운영되며, 주계약에 대한 보험료는 110,580원이 책정되어 있습니다.

하지만 주계약 보험료 110,580원이 전부 펀드에 들어가는 게 아닙니다. 물론 당사자는 보험료가 어떤 식으로 적립되는지 설명을 듣지 못했을 수도 있고, 기억을 못할 수도 있습니다. 자동이체로 빠져나간 거라서 더욱 그럴 수 있습니다. 주계약 보험료 110,580원 전부가 주식혼합형으로 펀드에 들어가는 게 아니고, 사업비를 공제하게 됩니다. 1억 원이라는 사망 보장을 해주고 설계사의 수당도 감안해야 합니다.

사업비는 납입 기간이 길면 길수록 많이 공제하고, 납입 기간이 짧을수록 적게 공제합니다. 사업비를 어느 정도 반영시키는가 하는 것은 보험회사가 결정합니다. 펀드 종목도 많고 옵션도 다양하니 사업비 공제 비율은 이 시점에서 중요하게 다룰 이슈가 아니라서 일단 30% 정도로 가정하고 설명드리겠습니다. 사업비가 30%라고 가정하면, 약 3만3천 원은 사업비로 쓰이고, 약 7만 7천 원은 매달 가치주식혼합형 펀드에 적립됩니다.

고객이 어떤 펀드에 투자해서 수익을 보려는 투자 목적으로 가입한 게 아니라 사망 보장을 목적으로 15살 피보험자를 대상으로 보험 계약을 한 거죠. 보험료가 11만 원씩 빠져나가기 때문에 실제 11만 원씩 15년을 완납한 현재 상태에서 보면 약 2천만 원이 납입된 겁니다. 사망 시 보장은 1억 원입니다.

2천만 원 납입은 이미 끝났습니다. 그리고 보장 역시 1억 원은 확보되었습니다. 현재 기준으로 종신보험에서 이 조건보다 더 좋

은 조건으로 가입할 수 있는 방법
은 전혀 없습니다.

　또 하나의 장점은 보험회사에
있습니다. 이 고객이 가입한 메트
라이프는 어떤 회사일까요? 메트
라이프는 S생명, H생명, K생명보
다 훨씬 큰 회사입니다. 미국의 3
대 보험사 중의 하나가 바로 메트라이프 생명입니다. 본사는 미
국에 있고, 펀드 운영의 역사가 150년 이상 된 회사로 자본금도
많습니다.

　이 변액종신보험 상품은 가치주식혼합형으로 2005년 8월에
펀드가 만들어졌는데, 이 날은 사람으로 빗대어 말씀드리면 생일
과도 같습니다. 이 펀드가 만들어진 날짜는 2005년 8월 29일이
고, 기준가격은 1천 원으로 시작했는데, 세월이 거의 17년 흘렀
기 때문에 1,600원 정도로 올랐습니다.

　직전 1년 동안 수익률이 많이 빠지긴 했습니다. 하지만 중요한
것은 이 보험이 저축성이 아니라 보장성 보험이라는 겁니다. 투
자를 해서 내가 1억보다 돈을 더 많이 벌려고 하는 게 아니라 목
적 자체가 종신보험으로 가입하신 거라서 투자 수익률에 큰 의미
를 둘 필요는 없습니다.

　유니버셜 기능도 없고, 수시 출금을 하거나 추가 납입을 하는

종신 상품의 콘셉트도 아닌 그냥 순수하게 일반 종신보험과 같은 개념입니다. 변액으로 펀드를 관리해서 수익을 내는 목적을 가진 보험은 아닙니다.

납입 보험료가 2천만 원인데, 해지하면 2천만 원을 돌려받을 수 있을까요? 피보험자가 사망해야 1억 원을 보장받을 수 있는데, "그런 사망보험금 굳이 필요해요? 필요 없지 않나요?"라고 묻는 설계사가 있다면 멀리하시기 바랍니다.

이처럼 누군가가 피보험자를 흔들 수 있습니다. 그렇게 해서 멀쩡한 변액종신보험을 해지시키고 새로운 보험에 가입시켜 수수료를 챙겨갑니다. 피보험자가 지금 몇 살이라고 그랬습니까? 32살로 성인이 되었습니다. 이 32살의 성인이 생각했을 때 '왜 우리 엄마는 나를 피보험자로 한 종신보험에 가입했을까? 내가 사망해서 1억 원을 받으면 과연 무슨 소용이 있겠나?'라는 의구심을 가질 수 있습니다.

'게다가 나는 아직 싱글인데…. 솔직히 내가 사망하면 내가 보장받는 것도 아니고 이게 나에게 필요한가?' 이러는 찰나에 누군가 "이 상품은 종신보험이고, 그동안 상황이 많이 변했고, 고객이 속은 겁니다."라고 설득하면 피보험자가 흔들릴 수도 있습니다.

만약 이 변액종신보험을 해지하면 어떻게 될까요? 지금까지 납입한 주 보험의 납입액은 2천만 원이지만, 해지했을 때 받을 수 있는 금액은 2천만 원이 안 될 수도 있습니다. 그럼에도 해지하는 분들은 사실상 1억 원을 포기하는 겁니다. 2천만 원이라는 목돈이 있다고 가정하고 1억 원을 쉽게 만들 수 있나요? 2천만 원을 4%로 이자로 40년간 예금해도 5천만 원도 채 안 됩니다.

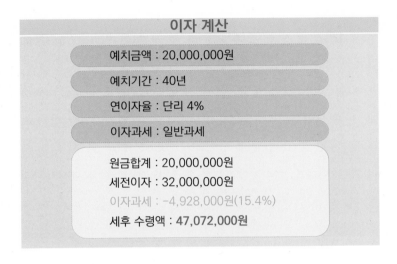

이자 계산	
예치금액 : 20,000,000원	
예치기간 : 40년	
연이자율 : 단리 4%	
이자과세 : 일반과세	
원금합계 : 20,000,000원	
세전이자 : 32,000,000원	
이자과세 : -4,928,000원(15.4%)	
세후 수령액 : 47,072,000원	

　게다가 이 변액종신보험을 해지한 다음에 32살 남자를 피보험자로 하여 다시 설계해서 종합보험에 새롭게 가입하면 총납입액이 3~4천만 원 이상이 될 수도 있습니다.

　투자로 예를 들어볼까요? 투자하면 항상 수익만 날까요? 제 이야기는 한마디로 변액종신보험을 통해 1억 원이라는 상속 재원은 이미 확보되었다는 뜻입니다. 그럼에도 불구하고 해지하면 1억 원이라는 보장자산이 없어지는 거죠.

　기존 종신보험의 특약 내용을 꼼꼼하게 살펴 보고 난 다음에 기존 종신보험을 해약할지 유지할지 결정해도 결코 늦지 않습니다. 기존 종신보험은 주계약 외에 특약이 있다는 사실을 잊지 마시고, 그 부분을 반드시 검토해 보셔야 합니다. 기존 종신보험은 굉장히 가성비 좋게 특약이 구성된 거죠.

지금까지 살펴 본 주계약을 유지해야 하는 이유를 정리하면 다음과 같습니다.

첫째, 일반 사망보험금 1억 원 보장이며 보험료가 크게 저렴하고, 이제 납입이 끝난 상태라서 위험 대비만 남았기 때문입니다. 주계약 보험료 2천만 원을 납입해서 1억 원이라는 보장자산이 이미 확보가 되어 있는 상황이므로 지금까지 유지해 온 보장자산을 포기할 이유가 전혀 없어 보입니다(일반사망은 사망의 원인을 묻지 않고, 보험금 지급이 가능).

둘째, 예정이율이 높기 때문입니다. 2004년에 예정이율이 크게 조정·인하되었습니다. 결국 보험료가 상승한 셈입니다. 예정이율은 2005년도에 4.75%에서 4.25%로 또 인하되었습니다. 이때부터 유니버셜 기능이 있는 상품을 판매하기 시작했습니다. 게다가 다른 생보사에 비해 해당 상품은 많이 저렴하게 구성되었습니다.

셋째, 종신보험 상품의 구조가 변액상품이라서 일반 공시이율 상품의 종신보험보다 보험료가 저렴하게 책정되어 있습니다.

다음으로 종신보험 분석의 하이라이트인 특약에 대해 알아보겠습니다.

이 보험의 특징이 뭐냐면 갱신이 없는 거죠. 생명보험의 종신보험 중에 특약이 갱신형으로 들어가는 시기가 보통 2008년 이후입니다. 실손의료보험이 나오면서 생명보험사 특약들이 점점 경쟁력이 떨어지기 시작해요. 손해보험에서 실손을 출시하면서 실비 붐이 일어났고, 2008~2009년 이후부터 갱신형이 들어가게 되었습니다. 해당 상품은 2005년 9월 계약한 종신보험이라서 주계약 + 특약에 대한 전반적인 보험료가 매우 저렴합니다.

특약을 좀더 자세히 살펴보면 입원일당이 1일에 5만 원 나옵니다. 3일 초과 1일당 5만 원씩 질병이든 재해든 모두 보상이 되고, 15년 납입조건으로 12,500원입니다.

무) 입원특약 5,000만 원

80세 보장 / 15년 납입 / 월 12,500원

입원특약급여금
보험기간 중 질병 또는 재해로 인하여
4일 이상 계속 입원시(3일 초과 1일당)

50,000원

만약 이 보험을 깨고 손해보험에 다시 가입한다면 완전히 사기당하는 겁니다. 질병입원일당 따로, 상해입원일당 따로 각각 보험료를 부담해야 하며, 상해의 범위는 재해보다 범위가 좁습니다. 또 중요한 보험료도 12,500원으로는 불가능합니다.

손해보험의 상해입원일당은 계약 후 알릴 의무^(통지 의무)가 있지만, 이 보험의 재해입원일당은 통지 의무가 없습니다.

상해 손해보험은 보장에 제한이 많고 계약 후에도 평생 동안 알릴 의무가 있습니다. 보험 전 기간 동안 통지 의무를 위반하면 보험은 강제 해지될 수 있고 보험금은 한 푼도 못 받게 됩니다.

몇 가지 예를 들면 다음과 같습니다.

- 낙상으로 골절 사고를 당했는데 직업 변경 통지를 하지 않았다는 이유로 계약을 해지당한 경우
- 직업이 변경되었음을 알리자 예전에 가입한 손해보험의 보험료가 올라가고, 보장은 축소되고, 추징 보험료를 납입하게 된 경우
- 전동 킥보드를 빌려 출퇴근 시 이용하다 사고로 사망하였는데 8억 5천만 원이라는 사망보험금이 지급이 거절된 경우

재해 생명보험은 계약 이후에 통지 의무가 없기에 오토바이 사고든, 전동킥보드 사고든, 위험한 취미나 직업, 직무와 관련된 사고라도 보상에는 문제가 되지 않습니다. 그렇기에 통지 의무가 없는 생명보험은 절대로 쉽게 해지하면 안 됩니다.

■ 제652조(위험 변경 증가의 통지와 계약 해지)

사고 발생의 위험이 현저하게 변경 또는 증가된 사실을 안 때에는 지체없이 보험자에게 통지하여야 한다.

이를 해태한 때에는 보험자는 그 사실을 안 날로부터 1월 내에 한하여 계약을 해지할 수 있다.

■ 제653조(보험계약자 등의 고의나 중과실로 인한 위험 증가와 계약 해지)

사고 발생의 위험이 현저하게 변경 또는 증가된 때에는 보험자는 그 사실을 안 날부터 1월내에 보험료의 증액을 청구하거나 계약을 해지할 수 있다.

■ 제655조(계약 해지와 보험금 청구권)

보험사고가 발생한 후라도 보험자가 제650조, 제651조, 제652조 및 제653조에 따라 계약을 해지하였을 때에는 보험금을 지급할 책임이 없고 이미 지급한 보험금의 반환을 청구할 수 있다.

다만 고지 의무를 위반한 사실 또는 위험이 현저하게 변경되거나 증가된 사실이 보험사고 발생에 영향을 미치지 아니하였음이 증명된 경우에는 보험금을 지급할 책임이 있다.

위 보험은 재해로 인한 사망, 장해, 수술, 입원 및 골절 사고시 계약 후 알릴 의무 위반으로 인한 보험금 삭감이나 보험료 추징, 보험 해지를 당하지 않습니다.

그 다음 수술특약은 1~3종으로 구분되어 있고, 보험료는 3,920원입니다.

1종 수술 시에는 40만 원, 2종 수술 시에는 100만 원, 3종 수술 시에는 200만 원이 지급됩니다. 주변에서 흔히 발생하는 다빈도 질환들은 대부분 1종에 해당됩니다. 위·대장·자궁·유방 등 양성 종양의 제거 등이 1종에 속하고, 임플란트를 위해 치조골 이식을 하셨다면 2종에 해당됩니다. 그럼에도 불구하고 단돈 3,920원의 보험료에는 1~3종 수술비가 모두 포함되어 있습니다.

무) 수술특약 200만 원

80세 보장 / 15년 납입 / 월 3,920원

수술급여금
보험대상자(피보험자)가 질병 또는 재해의
직접적인 치료를 목적으로 수술을 받았을 때(수술 1회당)

1종수술 시 : 400,000원

2종수술 시 : 1,000,000원

3종수술 시 : 2,000,000원

다시 특약을 살펴보면 특정성인병 진단이 있습니다. 보험료 11,000원으로 보장금액 2,000만 원이 들어가 있습니다.

만약 같은 시기의 S사, H사, K사 생명보험 상품이었다면 뇌출혈진단비에 해당됩니다. 그런데 예시로 든 가입자의 상품은 보험금 지급기준이 다릅니다. 같은 생명보험 상품이지만, 뇌졸중이 포함되어 있습니다. 뇌졸중 진단비 2,000만 원과 급성심근경색증 진단비 2,000만 원을 각각 1회씩 지급해 주는 특약입니다.

무) 특정성인병진단 2,000만 원

80세 보장 / 15년 납입 / 월 11,000원

특정성인병진단급여금
보장개시일 이후에 최초로 급성심근경색증
또는 뇌출혈 및 뇌경색증 진단 확정 시(다만 각각 1회에 한함)

20,000,000원

손해보험 상품의 경우 뇌졸중 진단비에 대한 보험료와 급성심근경색증 진단비에 대한 보험료는 각각 따로 납입하게 되어 있습니다. 그런데 해당 상품은 2가지 진단비를 각각 지급해주는 조건임에도 불구하고 굉장히 저렴하게 책정되어 있습니다.

아쉬운 점은 뇌졸중 진단비로 2천만 원은 부족할 수 있다는 겁니다. 왜냐하면 뇌졸중 진단을 받았더라도 증상이 경미하거나 후유증이 심하지 않은 상태에서 미리 치료하거나 빠르게 완치되어 분쟁이 발생하면 의료 자문으로 이어지는데, 이때 가입금액이 작으면 소송하더라도 실익이 없을 수 있기 때문입니다.

그런데 재해로 인해 3~80% 미만의 장해가 발생되었을 때 지급되는 재해상해 특약은 가입 금액이 5천만 원으로 매우 작습니다. 해당 특약은 반드시 가입 한도를 상향시켜 보완해 줄 필요가 있습니다. 재해상해 특약은 가입한도가 적으면 장해 평가 시에 많은 시간과 비용이 들어가서 크게 도움이 되지 않지만, 가입한도가 큰 가입자에게는 매우 가성비가 좋은 특약 중의 하나입니다. 해당 건에 대해서는 혼합설계 편에서 좀더 상세하게 다뤄보겠습니다.

무) 재해상해특약 5,000만 원

80세 보장 / 15년 납입 / 월 3,000원

재해상해특약급여금
보험기간 중 재해로 이하여 장해분류표 중 3% 이상 80% 미만에 해당되는 장해상태가 되었을 경우

특약가입금액 × 장해지급률

그 다음 보험료 1,600원의 특정질병치료 특약에는 11대 성인병 수술비 400만 원과 입원일당 3일 초과 2만 원이 포함되어 있습니다. 해당 특약은 손해보험사에선 취급하지 않던 특약이고, 보험료 1,600원으로 구성을 할 수도 없게 된 특약입니다.

▶ **11대 질병** : 갑상선장해(E00-E07), 당뇨병(E10-E14), 만성류마티스성 심장질환(I05-I09), 고혈압성질환(I10-I15), 허혈성심장질환(I20-I25), 동맥경화증(I70), 천식(J45-J46), 뇌혈관질환(I60-I69, G45), 위 및 십이 지장궤양(K25-K27), 간질환(K70-K77), 신부전증(N17-N19)

특정질병치료특약급여금

수술급여금
보험기간 중 최초로 11대 질병으로 진단이 확정되고
그 11대 질병의 치료를 목적으로 입원을 동반한 수술(수술 1회당)

> 1년 미만 : 2,000,000원
> 1년 이상 : 4,000,000원

수술급여금
보험기간 중 최초로 11대 질병으로 진단이 확정되고
그 11대 질병의 치료를 목적으로
4일 이상 계속 입원시(3일 초과 1일당)

> 1년 미만 : 10,000원
> 1년 이상 : 20,000원

마지막으로 암치료 특약에 대해 알아보겠습니다. 보험료는 14,200원으로 매우 저렴한 비용으로 구성되어 있습니다. 동일 구성을 현재 기준으로 설계한다면 3만 원 이상의 보험료를 내야 합니다. 이유는 암 입원 일당이 20만 원인데, 여기에 암 수술비 가 포함되어 있습니다. 또한 암 진단비 2,000만 원은 암에 대한

암치료특약

진단급여금

보험대상자(피보험자)가 보장 개시일 이후에 최초로
암으로 진단 확정 시(단 1회에 한함)

암 : 20,000,000원

기타피부암, 상피내암, 경계성종양 : 4,000,000원

암입원급여금

보험대상자(피보험자)가 보장 개시일 이후에
암, 기타피부암, 또는 경계성종양 진단 후
그 치료를 목적으로 4일 이상 입원 시(3일 초과 1일당)

200,000원

암수술급여금

보험대상자(피보험자)가 보장 개시일 이후에
암, 기타피부암, 또는 경계성종양으로 진단 확정되고
그 치료를 목적으로 수술 시(수술 1회당)

암 : 4,000,000원

기타피부암, 상피내암, 경계성종양 : 800,000원

▶ 주 계약에 보험료 납입 면제 조항이 있을 경우 또는 암으로 진단 확정되었
을 경우에는 이 특약의 보험료 납입을 면제하여 드립니다(상피내암, 기타
피부암, 경계성종양은 제외).

보장의 범위가 넓었기 때문에 갑상선암도 대장점막내암도 일반

암으로 보장해주던 시기였습니다. 그리고 약관에서 암에 대한 기

준을 원발암 관련 문구에 불리한 내용이 없기 때문에 계약자에게 굉장히 유리한 구성입니다.

그러면 독자분들이나 설계사들이 "언제까지 판매된 종신보험이나 생명보험의 건강보험 상품이 유리하냐?"고 질문을 하실 수도 있는데, 필자는 단언컨대 갱신형 특약이 들어가기 전까지인 2008~2009년까지의 생명보험이라고 말씀드릴 수 있습니다.

그 이전에 가입한 비갱신형으로 설계된 특약의 생명보험이라면 해지하지 않는 것이 좋다고 분명히 말씀을 드릴 수 있습니다.

여기서 피보험자는 리모델링할 때 무엇을 보아야 할까요? 가입할 당시에 이게 종신보험이냐 아니냐, 또 변액종신이냐를 볼게 아니고, 피보험자의 직업이나 직무가 현재 무엇이냐, 미래의 피보험자의 직업이나 직무가 무엇이냐를 보고 리모델링을 결정해야 합니다.

독자께서는 어떤 생명보험에 가입되어 있나요? 납입이 끝났을 수도 있고, 현재도 납입중일 수도 있겠지요. 생명보험증권에는 납입기한이 60세, 65세 등으로 기입되어 있습니다. 피보험자의 나이가 22세라면 60세 납입일 경우 38년간 납입하게 됩니다. 그러면 아직도 절반 가까이 납입 기한이 남아 있을 수 있습니다.

그럴 경우 고객 입장에서는 납입해야 하는 기간이 너무 길다는 이유로 해지하는데, 절대 그런 관점에서 보면 안 됩니다. 납입을 길게 하는 대신 보장 설계가 잘 되어 있기 때문에 총납입보험료를 기준으로 생각해야 합니다. 총납입보험료를 고려하면 지금 다시 가입하는 것이 손해일 수도 있다는 점을 아셔야 합니다.

판단 기준은 현재 판매하고 있는 상품과 그 특약의 내용을 비교해 보는 겁니다. 옛날 것을 그대로 가져가는 게 당연히 유리합니다. 그런 연후에 그 당시에 없었던 부족한 것만 보완해 나가시는 것이 베스트입니다. 비갱신형으로 가입된 종신보험이라면 피보험자의 현재 직업이나 달라질 직업을 신중하게 체크하고, 건강 조건도 파악해야 합니다.

그 다음 납입기간이나 상품명을 토대로 판단하지 마시고, 다시 설계했을 때 납부해야 하는 총납입보험료를 기준으로 판단하시면 됩니다.

그렇게 해서 부족한 것만 보완하고, 불필요한 일부 특약은 부분 해지하거나 감액해서 보험료를 다이어트하는 방법도 있습니다.

피보험자가 보험을 해지할 수 있는 권리

상법 제731조 및 피보험자가 보험을 해지할 수 있는 권리^{(#서면}

동의철회권)

타인의 사망을 보험사고로 하는 생명보험 계약은 추인하였더라도 무효입니다.

보험 계약의 체결
- 피보험자가 자신의 서면 동의 없이 체결된 타인의 사망을 보험사고로 하는 생명보험 계약을 추인한 경우 그 보험 계약이 유효로 되는지 여부
- 피보험자의 서면 동의 없이 체결된 타인의 사망을 보험사고로 하

는 생명보험 계약의 보험자가 수년간 보험료를 수령하거나 종전에 그 생명보험 계약에 따라 입원급여금을 지급한 경우에 생명보험 계약의 무효를 주장하는 것이 신의성실의 원칙 등에 위반하는지 여부

상법 제731조 제1항에 의하면 타인의 생명보험에서 피보험자가 서면으로 동의의 의사표시를 하여야 하는 시점은 보험 계약 체결 시까지입니다. 이것은 강행 규정입니다.

정리하면

● 타인의 사망을 보험사고로 하는 보험 계약 체결 시에는 그 타인의 서면 동의를 얻도록 규정하고 있습니다(반드시 서면에 의해서 이루어져야 함).

● 서면으로 동의한다는 의사표시를 하여야 하는 시점은 보험 계약 체결 시까지입니다. 이는 강행 규정입니다,

판결 요지

① 상법 제731조 제1항이 타인의 사망을 보험사고로 하는 보험 계약 체결 시 그 타인의 서면 동의를 얻도록 규정한 것은 동의의 시기와 방식을 명확히 함으로써 분쟁의 소지를 없애려는 데 취지가 있으므로, 피보험자인 타인의 동의는 각 보험 계약에 대하여 개별적으로 서면에 의하여 이루어져야 하고, 포괄적인 동의 또는 묵시적이거나 추정적 동의만으로는 부족

② 상법 제731조 제1항에 의하면 타인의 생명보험에서 피보험자가 서면으로 동의의 의사표시를 하여야 하는 시점은 '보험 계약 체결시까지'이고, 이는 강행 규정으로서 이에 위반한 보험 계약은 무효이다. 따라서 타인의 생명보험 계약 성립 당시 피보험자의 서면 동의가 없다면 그 보험 계약은 확정적으로 무효가 되고, 피보험자가 이미 무효가 된 보험 계약을 추인하였다고 하더라도 그 보험 계약이 유효로 될 수는 없다.

③ 피보험자의 서면 동의 없이 체결된 타인의 사망을 보험사고로 하는 생명보험 계약의 보험자가 수년간 보험료를 수령하거나 종전에 그 생명보험 계약에 따라 입원급여금을 지급한 경우에도 위 생명보험 계약의 무효를 주장하는 것이 신의성실의 원칙 등에 위반되지 않는다.

이런 사실을 알고 계십니까?

한편 피보험자가 보험을 해지할 수 있는 권리인 서면 동의 철회권에 대해 아십니까? 이는 피보험자가 보험을 해지할 수 있는 권리로, 보험자의 승낙을 요하지 않습니다.

제6관 계약의 해지 및 해지환급금 등

제36조 (계약자의 임의해지 및 피보험자의 서면 동의 철회)

① 계약자는 계약이 소멸하기 전에는 언제든지 계약을 해지할 수 있으며, 이 경우 회사가 지급하여야 할 해지환급금이 있는 때에는 제39조(해지환급금)에서 정한 해지환급금을 계약자에게 지급

합니다.

② 제26조(계약의 무효)에 따라 사망을 보험금 지급 사유로 하는 계약에서 서면으로 동의를 한 피보험자는 계약의 효력이 유지되는 기간에는 언제든지 서면 동의를 장래에 한하여 철회할 수 있으며, 서면 동의 철회로 계약이 해지되어 회사가 지급하여야 할 해지환급금이 있을 때에는 제39조(해지환급금)에서 정한 해지환급금을 계약자에게 지급합니다.

정리하면,

● 피보험자는 서면 동의철회권을 요구하여 언제든지 보험을 해약할 수 있습니다. 이때 보험자의 승낙을 요구하지 않습니다.

● 계약자가 압류 상태라면, 보험회사에 다음과 같이 요구합니다. 세무서에 "해지환급금으로 채무를 상환하겠다."라고 하시면 됩니다. 이때 계약자가 동의해 주면 해지됩니다.

피보험자는 수익자 변경 시 동의권과 서면동의철회권을 가지고 있습니다. 계약자는 피보험자의 동의 없이 수익자를 변경할 수 없으며, 피보험자가 서면동의철회권을 요구하면 그 계약은 해지됩니다.

#상법731조 #피보험자 #피보험자서면동의 #보험해지권리

암보험에서 계약 체결 시점이 중요한 이유

　암은 진단 시점은 무척 중요합니다. 암진단분류코드 개정으로 인하여 난소암으로는 보험금을 받지 못했지만, 경계성종양으로 보험금을 받으신 분들의 사례를 소개하겠습니다.

　악성종양에서 경계성종양으로 분류코드가 변경됨으로써 난소의 악성신생물(C56)이 경계성종양(D39)으로 변경되었습니다. 이로 인해 난소암, 방광암의 경우 가입자와 보험사 사이에 분쟁이 있었지만, 계약 체결 시의 코드를 기준으로 인정한다는 분쟁조정의원회의 결정에 따르게 되었습니다.

　여성분들은 꼭 아셔야 할 내용입니다. 난소암일 때 분쟁의 쟁점은 경계성종양이지만 가입 시기에 따라 일반암으로 청구할 수

일반암	경계암	일반암
2003. 01. 01 제4차 KCD 시행	2008. 01. 01 제5차 KCD 시행	2021. 01. 01 제8차 KCD 시행
난소의 악성신생물 (C56)에 해당	경계성종양(D39)으로 분류 변경	난소의 악성신생물 (C56)에 해당

있다는 겁니다. 오래전에 가입한 보험이 좋다고 하는 이유가 여기에 있습니다.

구체적인 예를 들어보겠습니다. 난소 유두상 장액성낭선종(D39.1)은 경계성종양이 아닙니다. 일반암으로 보험금을 청구하시면 됩니다. 2008년 1월 이전에는 일반암이었습니다. 2008년 이전에는 난소암이었고, 2008년 이후는 난소의 경계성종양입니다.

시간이 흐르면 질병 분류 체계는 바뀌게 됩니다. 보험 계약 체결 시에는 제4차 한국표준질병사인분류(KCD)에서는 '악성경계형의 유두상 장액성낭선종(C56)'으로 분류하였지만, 진단 시에는 제5차 한국표준질병사인분류에서 '경계성종양'으로 분류하여 '여성생식기관의 행동양식 불명 및 미상의 신생물(D39)'로 변경되었습니다. 보험 계약 체결 시점의 해당 약관으로는 암의 정의에 해당하므로 암 진단금을 지급하여야 한다고 판단하였습니다. 분쟁조

제4차 한국표준질병사인분류 : 악성암	제5차 한군표준질병사인분류 : 경계성종양
C56	D39
보험 계약 체결 시점의 해당 약관상 암의 정의 기준으로 인정함.	

정의원회 결정 제12-14호의 내용을 꼭 기억해 주시기 바랍니다.

난소 경계성종양은 일반암으로 보고 보험금을 청구할 수 있습니다. 한국 표준질병사인분류(KCD)에서는 난소 경계성종양은 명확하게 D39.1로 규정하고 있습니다.

다만 조직검사 결과지에 다음과 같은 영문이 나와 있다면 시기별로 종양의 인정 기준은 다르지만 일반암으로 보험금 지급을 주장할 수 있습니다.

아래 2가지가 경계성입니다.

① serous(장액성) cystadenoma, borderline malignancy

② mucinous(점액성) cystadenoma, borderline malignancy

한국표준질병사인분류 제8차 개정에서 형태학적 분류는 변경된 사항은 없지만, KCD 분류 지침에서는 난소 경계성종양이 악성종양으로 변경되었습니다.

아래 필수 확인 사항을 확인하시기 바랍니다. 암 보험금을 청구하실 때에는 진단서상 질병코드, 조직검사 결과를 기반으로 아래 체크 리스트를 꼼꼼하게 검토하시기 바랍니다.

① 'D39.1/D39.11/D39.19'라고 되어 있나요?

② 조직검사 결과지를 확인했을 때 아래 4가지 중 하나라도 확인되나요?

- Mucinous borderline tumor
- borderline malignancy

난소암은 2021년 KCD 기준 변경으로 분류번호가 C56으로 변경되었습니다.

과립막 세포종양은 반드시 조직검사 결과를 토대로 손해 사정을 맡겨야 합니다.

- 악성 경계형의 장액성 낭선종은 암으로 인정받을 수 있습니다.
- 악성 경계형의 점액성 낭선종도 암으로 인정받을 수 있습니다.

의사의 기준에 따라 경계성종양 D39.1 또는 악성암 C56으로 보험 청구 금액이 달라질 수 있습니다.

2

—

보험금을 둘러싼 주요 논쟁

암의 진단 확정

암의 진단 확정은 '병리학적 진단이 가능한 경우에는 병리 전문의사에 의한 조직검사 또는 혈액검사에 의한 현미경 소견을 기초로 하여야 한다.'라고 보험 약관에 명시되어 있습니다.

① 조직검사 결과로 진단

해부병리 또는 임상병리 전문의사가 조직검사, 미세바늘 흡인검사 또는 혈액검사에 대한 현미경 소견을 기초로 하여 암의 진단을 확정하는 방법입니다. 그런데 병리학적인 진단과 임상의사들의 의학적 견해가 다른 경우에는 어떻게 될까요? 이때는 종양

의 형태학적 분류번호를 기초로 암보험금 지급 여부를 결정하게
됩니다.

② 행동양식 분류번호에 따른 분류

　해부병리 행동양식 분류번호 '/3'의 신생물은 한국표준질병·
사인분류 제3편 제2장의 C00-C97에 해당하는 '악성 신생물
(Malignant Neoplasms)'로 분류되고, /3은 암입니다.

　행동양식 분류번호 '/1'의 신생물은 D37-D48에 해당하는 '행
동양식 불명 또는 미상의 신생물(Neoplasms of Uncertain and Unknown
Behavior)'로 분류되며, /1은 경계성종양입니다.

종양의 행동양식 분류번호		제2장 항목
/0	양성신생물	D10~D36
/1	불확실한 또는 알려지지 않은 성격의 신생물	D37~D48
/2	제자리신생물	D00~D09
/3	일차성으로 기재 또는 추정된 악성 신생물	C00~C76 C80~C97 D45, D46, D47.1, D47.3, D47.4, D47.5
/6	이차성으로 기재 또는 추정된 악성 신생물	C77~C79

※ 형태학적 분류번호는 'M8123/3'과 같이 5자리로 구성됩니다. 처음 4자리 수는
신생물의 조직학적 형태를 표시하고, 사선 뒤의 5번째자리 수는 그 행동양식을
표시하는데, 행동양식의 분류번호는 다음과 같습니다. 행동양식 분류번호가 '/3'
인 경우에 암(악성종양)에 해당하며, '/1'인 경우에는 경계성종양, '/2'인 경우에
는 제자리암에 해당합니다. '/0'은 양성종양입니다.

행동양식 불명 또는 미상의 신생물

코드	질환	질환(영문)
D37	구강 및 소화기관의 행동양식 불명 또는 미상의 신생물	Neoplasm of uncertain or unknown behavior of oral cavity and digestive organs
D38	중이, 호흡기관, 흉곽 내 기관의 행동양식 불명 또는 미상의 신생물	Neoplasm of uncertain or unknown behavior of middle ear and respiratory and intrathoracic organs
D39	여성 생식기관의 행동양식 불명 및 미상의 신생물	Neoplasm of uncertain or unknown behavior of female genital organs
D40	남성 생식기관의 행동양식 불명 또는 미상의 신생물	Neoplasm of uncertain or unknown behavior of male genital organs
D41	비뇨기관의 행동양식 불명 또는 미상의 신생물	Neoplasm of uncertain or unknown behavior of urinary organs
D42	수막의 행동양식 불명 또는 미상의 신생물	Neoplasm of uncertain or unknown behavior of meninges
D43	뇌 및 중추신경계통의 행동양식 불명 또는 미상의 신생물	Neoplasm of uncertain or unknown behavior of brain and central nervous system
D44	내분비선의 행동양식 불명 또는 미상의 신생물	Neoplasm of uncertain or unknwon behavior of endocrine glands
D45	진성적혈구증가증	Polycythemia vera
D46	골수형성이상증후군	Myelodysplastic syndromes
D47	림프, 조혈 및 관련 조직의 행동양식 불명 및 미상의 기타 신생물	Other neoplasms of uncertain or unknown behavior of lymphoid, haematopoietic and related tissue
D48	기타 및 상세 불명 부위의 행동양식 불명 또는 미상의 신생물	Neoplasm of uncertain or unknown behaviour of other and unspceified sites

행동양식 분류번호 '/2'의 신생물의 경우 D00-D09에 해당하는 '상피내 신생물(In Situ Neoplasms)'로 분류됩니다. /2는 제자리암입니다.

Check Point

조직검사상 판단이 상이하면 형태학적 분류번호를 기초로 암진단비를 결정합니다.

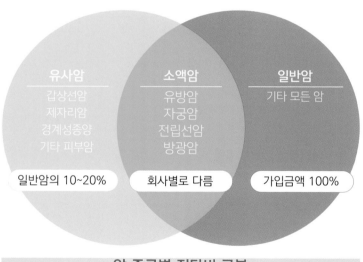

유사암	소액암	일반암
갑상선암 제자리암 경계성종양 기타 피부암	유방암 자궁암 전립선암 방광암	기타 모든 암
일반암의 10~20%	회사별로 다름	가입금액 100%

암 종류별 진단비 구분

한국표준질병사인분류

위 내시경을 하면서 용종을 제거하셨나요? 그렇다면 조직검사 결과지를 검토해 보세요. 조직검사 결과지에 neuroendocrine tumor 또는 carcinoid tumor 으로 기재되었다면 이는 신경내분비종양, 카르시노이드종양, 유암종이라는 뜻입니다.

2021년 1월 한국표준질병사인분류가 제8차 개정되면서 M8240/3, M5246/3, M8249/3은 악성신생물로 규정하고 있기 때문에 경계성종양이 아닌 일반암으로 보험금을 청구할 수 있게 되었습니다. 2021년 이후부터는 신경내분비종양도 일반암으로 보상받아야만 합니다.

2021년 1월 이후 암의 진단기준이 되는 한국표준질병사인분류가 8차 개정되면서 신경내분비종양은 일반암으로 보상받을 수 있게 되었습니다.

이 글을 읽고 계신 독자분들은 질병분류체계가 변화해왔다는 사실을 알고 계셨나요?

질병분류체계가 어느 시점에 개정된다고 고시되는 경우 이를 숙지하고 있다가 시행일자에 맞게 여러분들에게 유리하도록 진단서를 발급해 달라고 하는 계약자분들은 현실적으로 단 한 명도 없을 겁니다.

한국표준질병사인분류 개정 시기

구분	고시일자	시행일자
제1차 개정	1972,10,26	1973.01.01
제2차 개정	1979.01.01	1979.01.01
제3차 개정	1993.11.20	1995.01.01
제4차 개정	2002.07.23	2003.01.01
제5차 개정	2007.07.02	2010.11,01
제6차 개정	2008.01.01	2011.01.01
제7차 개정	2015.09.24	2016.01.01
제8차 개정	2020.07.01	2021.01.01

한국표준질병사인분류

세계보건기구에서는 국제질병분류(ICD)를 통해 질병을 분류하기 시작하였고, 매 10년을 주기로 개정한다는 원칙에 따라 국제질병분류를 개정해 왔습니다. 이에 대한민국도 1973년부터 국제질병분류를 우리나라 실정에 맞게 한국표준질병사인분류(KCD)를 통해 질병 혹은 사망 등에 대해 분류와 통계를 하기 시작했습니다.

실제 의사분들이 진단서에 기재하는 상병코드는 바로 지금 보시는 KCD 분류를 적용한 것입니다. 그런데 담당 주치의가 국제질병분류(ICD)와 국내질병분류(KCD)가 변경되었다는 사실을 모르고 있다면 어떤 일들이 벌어질까요?

2021년 KCD 제8차 개정 이후 신경내분비종양에서 경계성종양 진단코드가 삭제되었고, 발병 부위나 종양의 크기와 상관없이 모두 악성신생물인 C코드로 변경되었다는 사실을 담당 주치의가 모르고 개정 전 과거 KCD를 기준으로 D37코드로 진단서를 발급해 준다면 계약자는 일반암으로 보장받지 못하게 되는 매우 억울한 일이 발생할 수 있습니다.

이런 중요한 사실을 알고 있는 보험 계약자가 과연 몇 명이나 있을까요?

암에 관한 보상기준을 적용할 때 종양학 국제질병분류(ICD-O)에서 정해 놓은 형태학적 분류를 국내 기준 KCD보다 우선적으로 따르게 됩니다. 이는 보상 실무에서 매우 중요한 사항이므로 보험 계약자들은 반드시 아래 형태학적 분류번호를 알고 있어야합니다.

암보험에 가입되어 있으시거나, 과거 암 관련 진단을 받으셨다면 한국표준질병사인분류가 변경되었다는 사실을 꼭 알고 계셔야 합니다. 그렇다면 암 판정 시 가입한 시점을 기준으로 할까요, 아니면 진단받은 시점을 기준으로 할까요?

난소암을 예로 들어보겠습니다. 한국표준질병사인분류 제8차 개정으로 형태학적 분류는 변경된 사항이 없지만 KCD 분류지침에서는 난소 경계성종양이 악성종양으로 변경되었습니다.

● serous(장액성, cystadenoma borderline malignancy)

현재는 난소암입니다.

● mucinous(점액성, cystadenoma borderline malignancy)

현재는 난소암입니다.

즉 현재 난소암은 질병분류코드가 D코드냐, C코드냐와 관계없이 일반암으로 볼 수 있습니다. KCD 제8차 개정으로 과거 난소의 경계성종양이 악성종양(암)으로 변경되었기 때문입니다. 그러나 2008년 이후부터 2021년 이전까지는 난소 경계성종양 D39.1로 판단하기 때문에 일반암이 아닌 경계성종양으로 보험금이 소액으로 지급 처리되어 많은 분쟁이 야기되었습니다.

보험을 가입한 시점에 따라 또는 암이 진단된 시점에 따라 암 보험금을 받고 못 받는 일들이 발생하게 됩니다. 지금과 같은 분쟁들은 언제든지 누구에게나 발생할 수 있습니다. 왜냐하면 의학 기술이 발달하고 암 치료방법이 발달하는 것처럼 질병분류체계도 계속 달라지기 때문에 약관도 변경될 수밖에 없습니다.

암 보험에 가입한 시점 X
암이 진단된 시점 O

① 한국표준질병사인분류가 개정되면 개정된 기준에 따라 해당 여부를 판단합니다.

② 제9차 개정 이후 한국표준질병사인분류에서 상기 상병(傷病) 또는 질병 해당 여부는 진단 확정 당시 시행하고 있는 표준질병사인분류에 따라 판단합니다.

③ 다만 진단 확정 당시의 한국질병표준사인분류에 따라 상기 상병 또는 질병에 대한 보험금 지급 여부를 판단한 경우에는 이후에 한국표준질병사인분류가 개정되더라도 상기 상병 또는 질병 해당 여부를 다시 판단하지 않습니다.

예) 폐암이 일반암으로 분류된 2022년에 암 보험에 가입했어도 2032년에 경계성종양으로 변경된다면 2032년 이후에 진단된 폐암은 경계성종양입니다.

한국표준질병사인분류

이처럼 보험금 분쟁이 끊이질 않아 다음과 같이 2021년 1월에 약관이 개정되었습니다. 2021년 1월 이후부터는 암이 진단된 시점에 시행 중인 한국표준질병사인분류를 따릅니다.

한국표준질병사인분류 제8차 개정 이후 달라진 점

◉ KCD 제8차 개정 이후 : 양성종양 → 암

인슐린종, 크롬친화세포종, 췌장의 췌도세포선종, 췌도모세포종, 췌도세포선종증 등

◉ KCD 제8차 개정 이후 : 악성종양(암) → 상피내암/경계성종양

폐선암(기관지폐포선암, 비소세포암)의 일부, 피막형성 소포성암종, 피부섬유육종 등

◉ KCD 제8차 개정 이후 : 상피내암/경계성종양 → 악성종양(암)

난소의 경계성악성종양, 가스트린종, 글루카곤종, VIP종, 췌장내분비종양, 가슴샘종(흉선종), 위장관의 간질성종양(GIST), 유상피혈관내피종, 성인형 과립막세포종양, 대동맥소체종양 등

신경내분비종양(=유암종, 카르시노이드종양)의 경우도 기존의 경계성종양 진단코드가 삭제되고 발병 부위나 종양의 크기와 상관없이

악성종양(암)으로 변경.

◉ KCD 제8차 개정 이후 : 일반 질병 → 악성종양(암)

분비성 부신피질종양, 고환 내 핵단백질 관련 암종, 인두종 바이러스, 모모세포성암종, 뇌하수체모세포종, 유전성평활근종증, 장점액성 암종, 악성 혈관 주위 상피모양암종, 뇌의 교모세포종·수모세포종 등 다수

◉ 암의 분류체계가 바뀐 경우 → 위와 대장의 신경내분비종양

종양의 크기가 1cm 미만이거나, 등급이 1단계이거나, 혈관의 침윤이나 다른 장기로 전이가 없는 경우 많은 임상의사들이 경계성종양으로 진단할 수 있습니다. 그러나 현재는 신경내분비종양을 일반암으로 분류합니다. 꼭 기억해야 하겠습니다. 보상 실무에 관한 이런 중요한 사실을 모른다면 억울하게 암보험금을 못 받는 일들이 얼마든지 일어날 수 있습니다.

◉ 암의 분류체계가 바뀐 경우 → 위장관기질종양

위장관기질종양(GIST)도 2021년 이후부터는 악성종양으로 변경되었습니다. 만약 2021년 이전에 경계성종양으로 보장받으셨다면 손해사정 검토를 통해서 일반암 보험금과의 차액을 청구할 수 있습니다.

지금까지 제8차 개정 이후 질병분류코드가 달라졌다는 점, 조직검사 결과지에 나와있는 병리학적 소견이 얼마나 중요한건지 다양한 사례들을 통해 예를 들어 드렸습니다.

⊙ 췌장고형가유두상종양 D37.7 고액암도 지급 가능

췌장고형가유두상종양은 남성보다 여성에게 발병률이 6배 높다고 알려져 있습니다. 췌장고형가유두상종양으로 진단되셨나요? 그렇다면 지금부터 진단서와 조직검사 결과지를 꺼내셔서 확인을 해보시기 바랍니다.

진단서에 질병코드가 뭐라고 기재되어 있나요? 조직검사 결과지에는 'solid pseudopapillary neoplasm(SPN)'라고 되어 있나요? 그렇다면 암으로 볼 수 있습니다. 반면 'solid pseudopapillary tumor(SPT)'라고 기재되어 있나요? 이럴 경우 보험회사는 경계성으로 분류하는 경우가 있습니다. 설사 주치의가 암인 C25로 진단을 해주었다 하더라도 보험회사는 경계성으로 주장을 하고 소액암으로 보상을 해주려고합니다.

Check Point

WHO나 ICD에서는 췌장고형가유두상종양을 악성종양으로 인정하고 있습니다. 대한민국은 WHO나 ICD를 준용하기 때문에 solid pseudopapillary tumor로 경계성종양으로 분류되었다고 하더라도 악성종양으로 주장할 수 있는 근거 또한 있습니다.

의사의 진단서만 믿지마시고 반드시 자신이 가입한 보험에 계약 시기, 약관 내용, 진단서 상 질병코드, 조직검사 결과지 등을 검토하고 전문가의 도움을 받아 보상에 유리한 의학적·법리적 근거를 준비시기 바랍니다.

◉ 난소의 과립막세포종양

2021년 KCD 제8차 개정 이후 난소의 과립막세포종양은 암 진단비가 전액 지급됩니다. 조직검사 결과지에 'Granulosa cell tumor'라는 내용이 기재되어 있나요? 그렇다면 무조건 일반암으로 보상받아야 합니다.

그러나 한국표준질병사인분류 제7차 개정에서는 난소 과립막 세포종의 분류를 M8620/1 성인형 과립막세포종양, M8620/3 악성 과립막세포종양 등 2가지로 분류를 하고 있기 때문에 M8620/1 성인형 과립막세포종양은 일반암이 아닌 경계성종양으로 보상해 주었습니다. 성인형 과립막세포종양 /1의 경우는 D39.1이라고 질병분류번호를 부여하였습니다. 그렇기 때문에 2021년 이전이라면 일반암으로 보상받을 수 없었습니다. 하지만 KCD 제8차 개정 이후 모두 악성신생물로 분류하기 때문에 일반암으로 보상받을 수 있게 되었습니다.

그러나 여전히 과거 분류기호를 쓰는 임상의들이 많아서 개정

전의 KCD에 근거하여 D39코드로 진단서를 발급해주기도 합니다. 이 피해는 고스란히 계약자에게 돌아갈 수밖에 없습니다.

2021년 KCD 제8차 개정 이후 난소의 과립막세포종양은 M8620/1 성인형 과립막세포종양이든, M8620/3 악성 과립막세포종양이든 전부 악성종양, 즉 암입니다. 2021년 이전에 주치의로부터 M8620/1 성인형 과립막세포종양으로 D39.1의 경계성종양이라는 진단을 받으셨나요? 병리검사 결과지를 반드시 검토하시고 전문가의 도움을 받아 손해사정을 통해서 일반암으로 보상받으시기 바랍니다.

◉ 흉선종

흉선종은 성장속도가 느리고 전이될 가능성이 낮아서 KCD에서는 D38 경계성종양으로 분류하고 있습니다. 2015년 개정된 WHO 조직분류법 및 ICD-O 분류기준에 따라서 C37 흉선암으로 인정받을 수 있지만, 과거에는 경계성 또는 악성으로 본다는 명확한 분류 기준이 없어서 분쟁이 많았습니다.

2021년 KCD 제8차 개정 이후 흉선종은 모두 일반암으로 볼 수 있습니다.

유상피혈관내피종

KCD 제8차 개정 이후 2021년 이후부터는 유상피혈관내피종은 경계성종양이 아니라 악성종양으로 분류합니다. 그러나 2021년 이전의 KCD 제7차 개정에서는 양성종양과 악성종양의 중간 성질을 가지고 있는 유상피혈관내피종은 경계성으로 분류하였지만, ICD/WHO 기준으로는 암으로 분류했기에 오랜 기간 암보험금 분쟁이 계속되었습니다.

Check Point

과거 유상피혈관내피종으로 암보험금을 청구하였으나 유사암(소액암)으로 진단비를 지급받은 경우에는 ICD/WHO 기준에 의한 입증 근거를 준비하면 의학적 자료와 판례를 근거로 계약자에게 유리하게 일반암으로 보험금을 청구할 수 있습니다.

대장암 논쟁

대장선종

대장 내시경을 해서 용종을 떼어 냈는데 조직검사 결과지에 Tubular adenma with low grade dysplasia라고 기재되어 있다면 저위험도 선종으로, 일반암이나 제자리암에 해당되지 않습니다. 하지만 세포의 이형성(dysplasia) 정도가 높은 단계인 high grade에 해당하는 고등급이형성증은 제자리암(상피내암)으로 분류하고 있습니다.

제자리암은 소액암(유사암) 진단비를 받습니다. 최근 소액암(유사암) 진단비를 크게 설계하는 추세라서 5천만 원 또는 1억 원 이상으로 준비하신 가입자분도 많이 있으신 것으로 알고 있습니다.

선종성 용종은 아직은 암이 아니지만 10년 이내에 대장암으로 진행하는 것으로 학계에서는 보고 있으니 조직검사 결과지에 high grade 또는 in situ 라는 영문이 있다면 제자리암^(상피내암)으로 볼 수 있습니다.

Check Point

대장선종을 제거하셨다면 종양의 크기, 형태, 침윤 여부, 악성도에 따라 일반암일 가능성도 있으니 반드시 전문가에게 의뢰하여 조직검사 결과지를 검토받으셔야 합니다.

대장점막내암

대장점막내암은 2011년 4월 이후부터는^(약관마다 정확한 시기는 상이)다음 페이지의 그림과 설명이 약관에 추가되었습니다. 만약 약관에 다음 페이지에 있는 그림과 설명이 없으면 일반암으로 주장해 볼 수 있습니다.

이처럼 그림과 설명으로 명시되어 있는 암보험 약관에서는 대장점막내암을 일반암이 아니라 제자리암으로 분류하고 있습니다. 주치의가 진단서에 C20 코드를 써주더라도 약관에 대장점막내암의 대한 그림과 설명이 들어 있다면 일반암으로 보지 않습니다.

'대장점막내암'이라 함은 제8차 개정 한국표준질병사인분류 중 대장의 악성신생물(C18~C20)에 해당하는 질병 중에서 상피세포층(epithelium)에서 발생한 악성종양세포가 기저막(basement membrane)을 뚫고 내려가서 점막고유층(lamina propria) 또는 점막근층(muscularis mucosa)을 침범하였으나 점막하층(submucosa)까지는 침범하지 않은 상태의 질병을 말합니다. 이때 대장에는 맹장, 충수, 결장, 직장을 포함합니다. 대장점막내암은 제1항에서 정한 '암'에 포함됩니다.

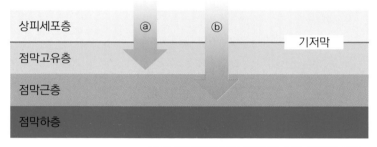

악성종양세포 침범 깊이

ⓐ 악성종양세포가 점막고유층을 침범한 경우
ⓑ 악성종양세포가 점막근층을 침범한 경우

대장점막내암은 0기암에 해당되는 제자리암으로 국제임상병기분류 TNM 분류법에서는 'Tis'로 적용됩니다. Tis란 쉽게 말해서 "종양이 제자리에 있다."라는 의미라서 병리학적으로 암으로 보지 않습니다.

대장점막내암은 C코드와 D코드 중간 경계선상으로 볼 수 있는 모호한 특징을 갖고 있는 종양입니다. 그렇기에 담당의사의 견해에 따라 C코드로 써주기도 하고, D코드로 써주기도 합니다.

건강검진에서 대장용종이나 선종을 제거하신 적이 있으셨나요? 그렇다면 대장점막내암일 가능성이 있으니 반드시 조직검사 결과지를 검토해 보시기 바랍니다.

① 가입 시기에 따라 ② 암세포의 침윤 정도에 따라 대장점막 내암도 일반암으로 청구가 가능한 다양한 사례들이 존재하므로 반드시 전문가 도움을 받아서 조직검사 결과지를 검토하시기 바랍니다.

다양한 암 진단비 분쟁

폐암 vs 폐의 제자리암 분쟁

진단서에는 질병분류번호가 C34로 기입되었지만, 보험회사가 현장 심사를 통해서 제자리암으로 판단하여 과소 지급하는 경우가 있습니다. 조직검사 결과지를 보면 폐의 비점액성 상피내선암종(AIS : Adenocarcinoma in situ, nonmucinous), 즉 상피내암(제자리암)으로 확인됩니다.

Check Point

조직검사 결과 'Adenocarcinoma in situ'라는 내용이 확인된다면 손해사정사의 도움을 받아서 일반암으로 청구가 가능한지를 검토해보시기 바랍니다.

갑상선결절과 갑상선암

갑상선결절은 양성과 악성으로 구분됩니다. 갑상선결절 중 약 5~10%는 악성결절(갑상선암)인데, 그 진단을 위해서 초음파검사, 미세침 흡인세포검사 등을 시행합니다. 그 결과 '결절의 모양이 이상하다거나, 결절의 크기가 이상하다, 또는 결절의 위치가 이상하다'는 소견이 있으면 상급병원에 가서 세침검사를 하라는 진료의뢰서를 발급받게 됩니다.

이렇게 해서 갑상선 세침검사 결과 여포종양으로 의심될 수 있습니다. 갑상선 세침검사는 1~6단계로 나누어 악성여부를 확인하는데, 이것을 베데스다 시스템이라고 합니다. 검사 결과 베데스다

단계	진단 카테고리	악성 예측도(%)
1	진단 부적함	1~4
2	양성	0~3
3	이형성	5~15
4	여포종양 의심	15~30
5	악성 의심	60~75
6	악성	97~99

※ 출처 : 대한갑상선학회(2017)

4단계라고 합니다.

2021년 KCD 제8차 개정 이후 비침습 갑상선소포종양 NIFTP D44는 경계성종양입니다. 그러나 과거 판매했던 암보험은 현재 판매 중인 암보험과 다르게 진단 시점의 기준에 따라 암보험을 지급한다는 약관 조항은 없기 때문에 일반암으로 보험금 청구를 검토해 볼 수 있습니다.

Check Point

2000년 초반에 암보험을 가입하신 분들은 비침습 갑상선소포종양 NIFTP D44을 경계성종양이 아닌 일반암으로 청구할 수 있습니다. 가입 시기, 약관, 조직검사 결과지 등을 준비하신 후 전문가의 도움을 받아서 손해사정을 검토하시기 바랍니다.

암의 원발암 논쟁

　암이 전이가 되었는데 보험에서는 일반암이 아니라고 합니다. 암은 원발부위^(최초 발생한 부위)를 기준으로 분류한다는 것이 현재의 방침입니다. 2011년 4월 이후부터는 갑상선암이 림프절로 전이되었음에도 일반암으로 지급하지 않고 소액암으로 지급합니다.

> 한국표준질병사인분류 지침서의 '사망 및 질병이환의 분류번호 부여를 위한 선정준칙과 지침'에 따라 C77~C80[이차성 및 상세불명 부위의 악성신생물(암)]의 경우 일차성 악성신생물(암)이 확인되는 경우에는 원발부위(최초 발생한 부위)를 기준으로 분류합니다.

※ 2011년 4월 이후 약관에 추가

그래서 갑상선암의 경우 가입 시기에 따라 받을 수 있는 보험금이 다릅니다.

◉ 2007년 3월 31일 이전 가입자

해당 시기에 암보험에 가입하신 가입자라면 갑상선암 또는 갑상선 림프전이암에 상관없이 일반암 진단비를 수령하실 수 있습니다.

◉ 2007년 4월~ 2011년 3월 이전 가입자

해당 시기에 암보험을 가입하신 가입자라면 갑상선암은 소액암으로 진단비를 수령하실 수 있습니다. 다만 약관에 갑상선림프전이암에 대한 명확한 설명이나 명시가 없기 때문에 갑상선림프전이암은 일반암으로 진단비를 수령하실 수 있습니다.

◉ 2011년 이후 가입자

해당 시기에 암보험을 가입하신 가입자라면 갑상선암, 갑상선림프전이암 모두 소액암으로 진단비를 수령하시게 됩니다.

◉ 명시·설명 의무를 위반한 계약 2011년 이후

"갑상선림프전이암에 대해서 암은 원발암(최초암)으로 보장한다."라는 설명을 듣지 못하셨다면 일반암으로 진단비를 수령하실 수 있습니다.

알릴 의무와 명시·설명 의무

◎ 알릴 의무

보험 가입 시 보험 가입자가 필수적으로 작성해야 하는 서류 중 하나는 보험청약서입니다. 청약서에는 여러 가지 질문 항목이 있는데, 보험 대상자가 되는 피보험자의 직업·성별·나이·가입 전 병력(5년 이내)·음주 및 흡연 여부·비만 여부·오토바이 탑승 여부 등은 계약자가 직접 고지하도록 되어 있습니다.

고지 항목에 포함되지 않더라도 실손 청구 등 사고 이력이 보험 회사 전산에서 확인되면 보험계약 시 불이익을 받을 수 있습니다. 이와 같이 질문 항목은 사실대로 기재해야 하는데, 이를 가리켜 '보험계약 전 알릴 의무' 또는 '고지의무'라고 합니다.

◎ 약관 명시·설명 의무

보험회사는 약관 교부 및 설명 의무가 있으며, 상법 638조에 따라 약관의 중요한 내용은 설명하여야 합니다. 예를 들어 계약 체결 당시 '암이 전이돼도 일반암으로 보지 않는다.'는 내용을 약관에 명시하거나 설명해 주어야 합니다.

만약 이러한 설명 의무를 제대로 이행하지 않았다면, 즉 보험약관 명시, 설명 의무를 위반했다면 그 약관의 내용을 보험계약의 내용으로 주장할 수 없습니다. 다시 말해 갑상선림프전이암도 일반암으로 보험금을 지급받을 수 있습니다.

병리학적 진단에 따라 판정

    암보험은 피보험자가 보험기간 중 암 보장 개시일 이후에 암으로 진단되었을 때 암 진단급여금, 암 치료비 등을 보장하는 보험입니다. 보험금 지급 대상에 해당하기 위해서는 약관에서 정한 방법에 따라 암의 진단 확정을 받아야 합니다.

    통상 암의 진단은 ① 임상의사^(주치의)의 환자 진찰 → ② 병리과에 조직검사 의뢰 → ③ 병리과에서 조직검사 후 결과 보고 → ④ 임상의사가 이를 토대로 진단서를 발급합니다. 이때 원칙적으로 ⑤ 병리학적 진단에 따라야 하며, 다만 조직검사 전에 피보험자가 사망한 경우 등 병리학적 진단이 불가능한 경우 등에는 ⑥ 임상학적 진단으로 암을 인정할 수 있습니다.

    ▶ 갑상선암 C73과 림프전이암 C77은 다른 질병

    "갑상선암 C73과 림프절전이암 C77은 각각 별개로 본다."는 판례가 있습니다. 즉 갑상선암 C73과 일반암 C77에 대해 보험금을 각각 지급하라고 법원은 판결했습니다[부산지방법원 2021. 6. 23. 선고 20가단119828 판결].

대표적인 암 분쟁 사례들

지난 수십 년간 암과 관련된 분쟁들은 많았습니다. 대표적으로는 다음과 같은 사례들이 있습니다.

◑ 암이 전이되거나 재발한 경우
 ☞ 갑상선암이 림프절로 전이된 경우

◑ 암으로 볼 것이냐? 경계성 또는 제자리암으로 볼 것이냐?
 ☞ 대장점막내암, 직장유암종, 비침습방광암의 경우

◑ 암의 분류기준 변경 관련
 ☞ 난소의 경계성종양 ↔ 난소암의 경우

Check Point

2021년 KCD 제8차 개정 이후 난소의 경계성종양은 전부 악성종양(암)입니다. 2008년 이전에 암 보험에 가입하셨다면 난소경계성종양을 난소암으로 손해 사정을 검토하여 일반암으로 보험금 청구를 할 수 있습니다. 2008년 이후 암 보험에 가입하였더라도 2021년 이후에 경계성종양으로 진단이 나왔다면 난소암입니다.

몰라서 못받는 보험금 11가지

질병 분류	내용
① 임플란트·뼈이식	2종수술 2008년 이전 생명보험
② 대장용종·폴립·관상선종	질병수술 1종 또는 2종 부인과 특약 생활질환 특약 일반암 가능성 있음 제자리암 가능성 있음 경계성종양 가능성 있음
③ 갑상선결절 고주파치료 (보험금 큰 편)	질병수술 성인병수술 (해당되는 특약 많음)
④ 안검하수(쌍꺼풀 수술)	1종 수술
⑤ 방사선 치료	암수술 및 뇌종양
⑥ 자동차사고로 인한 보험금 청구	할증지원금 자동차상해치료비 긴급비용 상해운전위로금 상해의료비
⑦ 계류유산 소파술	1종 또는 2종
⑧ 부인과수술 D코드, N코드	질병수술 부인과특약 1종 또는 2종
⑨ 코뼈 골절 (비관혈적 정복술)	1종수술
⑩ 치아 깨짐 골절 보험금	골절진단금 상해수술비(뼈이식술) 골절수술비(뼈이식술)
⑪ 요로결석 체외충격파치료	2종수술 성인병특약

여성 암 관련 분쟁

자궁경부이형성증

자궁경부이형성증은 진행 상태에 따라서 정상부터 1단계, 2단계, 3단계로 구분됩니다.

자궁경부이형성증 1단계는 경미한 상태로 특별한 치료 없이 6개월마다 검사 및 추적 관찰을 하며, 자연치유되기도 합니다.

자궁경부이형성증 2단계 및 3단계로 수술을 받으셨다면 제자리암으로 검토할 수 있습니다. 그러나 진단서나 수술확인서를 발급받아 보면 N87 코드인 경우가 대부분입니다.

대다수의 사람들은 조직검사 결과를 검토해야 한다는 사실도 모르며, 질병코드를 D06으로 발급해야 한다는 사실도 전혀 모르고 있기 때문에 고위험 자궁경부이형성증인데도 제자리암 보험금을 지급 받지 못하게 됩니다.

상피층의 2/3까지 이형성세포가 확인되면 조직검사 결과지에 High grade squamous intraepithelial lesion(HSIL)라고 기입되어 있는 것을 확인할 수 있습니다. 이것은 HPV라고 불리는 인유두종바이러스에 의해 자궁경부 조직 또는 이를 이루는 세포들이 비정상적으로 변형된 것입니다.

상피층의 2/3까지 이형성세포가 확인되면 CIN2라도 제자리암(상피내암)으로 주장할 수 있는 의학적인 근거들이 있습니다.

자궁경부이형성증의 병기를 나누는 기준

자궁경부이형성증 진단 시 병기는 조직검사를 통해 이형성세포가 진행된 위치에 따라 구별하며 그 단계에 따라 치료 방향이 달라집니다.

1. CIN Grade 1 : 상피층을 3등분했을 때 가장 아래쪽에서 이형성세포가 발견된 경우
2. CIN Grade 2 : 상피층의 2/3까지 이형성세포가 확인된 경우(유사암 가능성 있음)
3. CIN Grade 3 : 전층에서 모두 이형성세포가 발견된 경우(유사암 가능성 있음)

CIN2, CIN3는 자궁경부암으로 발전되기 직전 단계로 빠른 치료가 필요한 상태입니다.

N87 → D06 제자리암 여부는?
반드시 진단서, 조직검사 결과지, 수술 기록지 검토

1. **진단서** 질병분류코드 **확인**
   N87.0 / N87.1 / N87.2 / N87.9 / D06코드

2. **조직검사 결과지 CIN단계 확인**
   CINI / CIN2 / CIN3

3. **수술기록지 확인**
   치료~ **수술 방법,** 원추절제술 **여부**

4. **진단서 또는 조직검사 결과지 상**
   중등도 자궁경부상피종양 CIN2
   중증 자궁경부상피내종양 CIN3

   High-grade Squamous Intraepithelial Lesion,
   HSIL→ 제자리암**입니다**

Check Point

　진단서 발급 시 다음 사항을 주의해 주세요. 고위험 자궁경부
이형성증으로 수술받으셨다면 반드시 진단서가 아닌 조직검사
결과지를 검토해 보아야 합니다. 이때 질병코드는 N87이 아닌
D06을 발급받아야 합니다.

자궁내막증식증

N85 자궁경부를 제외한 자궁의 기타 비염증성장해, N85.1 자궁내막선종성증식증, N85.2 자궁비대 등의 진단명은 암이 아니므로 보험금을 청구할 수가 없습니다. 그러나 atypia^(비정형성, 이형성), atypical^(비정형), hyperplasia^(과형성, 증식증)라는 문구가 조직검사 결과지에 기입되었다면 제자리암을 의심해볼 수 있습니다.

Check Point

자궁내막증식증으로 자궁내막세포가 악성으로 변질하면 제자리암으로 볼 수 있는데, 이때에는 반드시 조직검사 결과지를 검토해야 합니다. 비정형의 증식증이 발견되었다면 암의 전단계 변화인 암성상피 변화가 생겨난 것이므로 제자리암으로 검토해볼 수 있습니다.

파제트병

파제트병은 유두 및 유륜에서 발생하는 상피내암의 일종으로, 다른 부위에서도 발생할 수 있는데, 부위에 따라 질병분류코드가 다릅니다. 진단서에 D05^(유방의 제자리암), 또는 C44^(기타 피부의 악성신생물)으로 기재되어 있더라도 임상의의 진단서가 아닌 병리학적 분류 기준에 따라 일반암으로 보험금을 청구할 수 있습니다.

① 병변이 유방의 피부에 발병되거나 유방 외 다른 부위에서
발병된 경우 → C44 피부암으로 소액암입니다.

② 병변이 림프절전이 없이 유두 및 유륜에 국한된 경우 →
D05 유방의 제자리암으로 소액암입니다.

③ 유방에 발생한 악성종양 → C50 유방의 악성신생물로 일
반암입니다.

임상의와 병리전문의 의견이 달라 간혹 분쟁이 발생하므로 파
제트병에 대한 의학적인 근거, 세계보건기구(WHO), 국제질병분
류기준 약관, 한국표준질병사인분류 등에 기인한 정확한 판단과
조직검사 결과지의 전문가적인 검토가 필요합니다.

침습성/전이성 포상기태

포상기태라는 진단명을 들어보셨나요? 정자와 난자가 만나서
수정을 하면 태아와 태반이 생성되는데, 이때 태반에서 발생한
세포가 비정상적으로 과증식하면서 기태성 수포라는 포도송이
모양의 조직이 자궁 내에 자라는 것을 포상기태라고 합니다. 이
것은 기형적 임신을 의미하며, 양성인 임신질환입니다.

조직검사 결과상 질병분류코드는 D39.2로 보험약관상 '경계성종양'에 해당하지만, 타 장기로의 전이 여부, 보험 가입 시기, 주치의 진단서, 병리검사 결과 등을 검토하여 일반암으로 청구가 가능한지 검토해 보실 수 있습니다.

뼈이식임플란트의 사례

치조골이식술^(뼈이식임플란트)을 몰라서 보험금 청구를 안 하셨다면 지금이라도 청구하시기 바랍니다. 치조골이식수술은 수술분류표를 참조하면, 2종 수술에 해당됩니다. 뼈이식^(골이식술)을 하는 것이 수술입니다.

1~3종 수술 보험금 지급 기준표

구분	지급사유	지급금액	
수술급여금 (약관 제11조)	보험기간 중 제2조(특약의 책임개시일)에서 정한 책임 개시일 이후에 피보험자가 질병 또는 재해의 치료를 직접적인 목적으로 수술을 받았을 때(수술 1회당)	1종 수술	20만 원
		2종 수술	50 만 원
		3종 수술	100만 원

보험회사가 고의로 보험금을 미지급하거나, 심사자가 실수로 보험금을 누락하거나, 계약자가 몰라서 등의 사유로 보험금을 청구하지 않아서 잠자고 있는 보험금이 의외로 많습니다.

혹시 2008년 이전에 생명보험에 가입하셨나요? 약관마다 변경 시기는 다를 수 있습니다. 1~5종은 해당되지 않습니다.

골이식술(2종 수술)은 상악동 저위로 인해 치조골과 상악동 사이에 임플란트를 할 정도로 뼈가 남아 있지 않은 경우에 실시합니다. 그 조건에서 치조골 상방에 위치한 상악동의 하방 벽을 들어 올리고 그 사이에 골이식술을 시행해 임플란트가 가능하도록 해주는 수술입니다.

치조골이식술

	1~3종 (~'08.3.31)	1~5종 (~'09.9.30)	1~5종 ('09.10.1~)
뼈이식수술	3번 2종	3번 2종	5번 2종
	3번 2종	비해당	비해당

치조골이식술은 수술분류표를 참조하면 수술 종류로는 3번 골이식술, 등급으로는 2종에 해당합니다.

수술 분류표

수술 종류		등급
피부, 유방의 수술 (皮膚, 乳房의 手術)	1. 식피술(植皮術) (25cm² 미만은 제외함)	2종
	2. 유방절단술(乳房切斷術)	2종
근골의 수술 (筋骨의 手術) [발정술(拔釘術)은 제외함]	3. 골이식술(骨移植術)	2종
	4. 골수염, 골결핵수술(骨髓炎, 骨結核手術) [농양(膿瘍, 고름집)의 단순한 절개는 제외함]	2종
	5. 두개골 관혈수술(頭蓋骨 觀血手術) [비골, 비중격(鼻骨, 鼻中隔)은 제외함]	2종
	6. 비골 관혈수술(鼻骨 觀血手術) [비중격만곡증수술(鼻中隔彎曲症手術)은 제외함]	1종
	7. 상악골(위턱뼈), 하악골(아래턱뼈), 악관절 관혈수술(上顎骨, 下顎骨 顎關節 觀血手術) [치, 치육(齒, 齒肉)의 처치에 수반하는 것은 제외]	2종
	8. 척추, 골반 관혈수술(脊椎, 骨盤 觀血手術)	2종
	9. 쇄골, 견갑골, 늑골, 흉골 관혈수술(鎖骨, 肩甲骨, 肋骨, 胸骨 觀血手術)	1종
	10. 사지(팔, 다리)절단술(四肢切斷術) [손가락, 발가락은 제외함]	2종
	11. 절단사지재접합술(切斷四肢再接合術) [골, 관절(骨, 關節)의 이단(離斷)에 수반하는 것]	2종
	12. 사지골, 사지관절 관혈수술(四肢骨, 四肢關節 觀血手術) [손가락, 발가락은 제외함]	1종
	13. 근·건·인대 관혈수술(筋·腱·靭帶 觀血手術) [손가락, 발가락은 제외함. 근염, 결절종, 점액종수술(筋炎, 結節腫, 粘液腫手術)은 제외함]	1종
호흡기, 흉부의 수술 (呼吸器, 胸部의 手術)	14. 만성부비강염근본수술(慢性副鼻腔炎根本手術)	1종
	15. 후두전적제술(喉頭全摘除術)	2종
	16. 기관, 기관지, 폐, 흉막수술(氣管, 氣管支, 肺, 胸膜手術) [개흉술(開胸術)을 수반하는 것]	2종
	17. 흉곽형성술(胸廓形成術)	2종
	18. 종격종양적출술(縱隔腫瘍摘出術)	3종

기타 질병과 관련된 분쟁

표재성방광암

방광암은 재발이 높은 암이고, 침윤성 방광암으로 진행될 가능성이 있는 예후가 매우 나쁜 암으로 알려져 있습니다. 주치의들이 C67.9 코드를 부여하는 이유도 지속적인 치료 및 경과 관찰이 필요하며, 암에 준하는 치유 과정을 거쳐야 하는 종양의 특성 때문입니다.

그러나 병리학적으로는 상피(점막)에 국한된 종양이어서 행동양식 분류번호 '/2'를 적용하므로 표재성방광암은 제자리암으로 보는 것이 타당합니다. 그 이유는 암이 기저막을 침범하지 못했기 때문입니다.

표재성방광암은 방광점막에 국한된 Ta, Tis와 점막하조직에 침윤된 T1으로 나뉩니다. 여기에서 침윤이 없다면 병리학적으로 제자리암 D09입니다.

Check Point

2008년 이전에는 침윤·전이를 따지지 않아 고등급(high grade) 표재성방광암이라면 일반암(C67)으로 주장할 수 있었습니다. 그러나 2008년 KCD 제5차 개정 이후부터는 /2 제자리암으로 분류되면서 D09로 바뀌었습니다.

신장의 경계성종양

최근 신장암(C64)을 진단받으신 분들 중 현장 조사를 통하여, 저악성 잠재성(low malignant potential)이라는 이유로 경계성종양(D41) 코드로 변경되어 일반암 진단비를 수령하지 못하는 경우가 있으실겁니다. '저악성 잠재성의 다방성낭성 콩팥신생물(Multicular cystic renal nepplasm of low malignant potential)'이 전이와 재발의 소견이 관찰되지 않아 KCD 제8차 개정부터는 경계성종양으로 질병분류 체계가 변경되었기 때문에 일반암 진단비를 수령하지 못하게 되었습니다.

2021년 이전에 보험에 가입했다면 조직검사 결과지를 검토하여 일반암으로 지급이 가능한지 정확한 손해사정을 검토해 보실 필요가 있습니다.

갈색세포종

2021년 이전에는 진단서의 코드와 상관없이 PASS score가 3점이 되지 않거나 전이가 없을 경우 보험사에서는 암 보험금을 지급하지 않았습니다.

2021년 이후에는 부신의 양성신생물 (D35), 부신의 행동양식 불명 또는 미상의 신생물(D44.1)로 진단 시 병리학적 소견을 바탕으로 악성종양이라는 것을 입증해야 하므로 반드시 보상 전문가의 도움이 필요합니다.

조직검사상 Pheochromocytoma라고 확인되었다면 일반암으로 검토하실 수 있습니다. 괴사와 유사분열 및 피막을 침범하거나 주변 장기로 침윤하는 소견이 보이면 병리학적으로 악성이라고 하며, 림프절·골·폐 등으로 전이가 일어납니다. 세계보건기구(WHO), AJCC(American Joint Commission on Cancer) 국제기준과 형태학적 분류를 활용하여 C74 악성으로 보험금 지급이 가능해졌습니다.

2021년 KCD가 제8차 개정되면서 크롬친화세포종이라고 불리는 갈색세포종은 일반암으로 분류됩니다.

방광의 양성신생물

요로상피유두종(urothelial papilloma)은 방광 내 어디서나 발생할 수 있는 점막의 종양으로, 측벽과 삼각부에 흔하게 발생합니다. 요로상피유두종은 KCD 제8차 기준에 따라 경계성종양에서 양성종양으로 변경되었습니다.

2021년 이전에 보험에 가입했다면 경계성종양으로 보상받을 수 있습니다.

고립성섬유종

흉막에 발생한 고립성섬유종은 병리학적으로 solitary fibrous tumor로 기재됩니다. 종양의 위험도에 따라 양성, 경계성, 악성으로 분류할 수 있습니다. 종양의 크기, 유사분열, 나이, 출혈 및 괴사의 유무 등을 종합적으로 따져서 암 여부를 결정합니다.

Check Point

고립성섬유종은 1~3등급으로 구분하여 악성종양 여부를 판정합니다. 병리학적으로 판단할 때에는 다양한 방법들이 있으므로 전문가에 도움을 받는 것이 좋습니다. 2021년 이후부터는 경계성종양으로 보상받을 수 있게 되었습니다.

연골육종

연골육종(chondrosarcoma, grade 1)은 악성종양이 아닌 경계성종양입니다. 연골육종(Chondrosarcoma)은 연골(軟骨)에서 발생하는 암의 한 종류로 골반이나 어깨, 갈비뼈, 팔다리의 긴 뼈 끝에서 시작됩니다. 대개 40~50대에 많이 발생하고, 20대 이하에서는 드문 편입니다.

Check Point

연골육종 1등급은 악성세포를 가지고 있지만 추적 관찰을 하며 형태학적 분류에서는 소액암으로 봅니다. 주치의가 C40 일반암으로 진단을 내려도 병리학적 소견으로 경계성종양으로 분류하므로 암 보험금을 못받게 됩니다. 연골육종 2~3등급은 일반암으로 분류합니다.

혈관점액종

혈관점액종(Angiomyxoma)은 성장속도가 느리고 주변 장기로 전이될 확률이 거의 없는 특성 때문에 현재는 양성종양으로 분류되고 있습니다. 그러나 재발이 쉽고, 2021년 이전에는 경계성종양으로 분류되었던 종양이기도 합니다.

Check Point

혈관점액종은 2021년 한국표준질병사인분류 제8차 개정에서 D10~D36 양성종양으로 변경되었습니다.

2021년 이전 가입한 고객이라면 조직검사 결과지를 검토하여 경계성종양으로 보험금 청구가 가능한지 정확한 손해사정을 통해 검토해 보실 필요가 있습니다.

난소기형종

난소에서 제거한 양성종양은 행동양식 0에 해당하므로 D10~D36 사이의 코드로 기입합니다. 난소에서 발견되었으므로 D27 코드가 부여되는데, 오른쪽, 왼쪽 등 부위에 따라 D27 뒤에 붙는 소숫점 숫자(.0/.1/.9)는 다르지만, 모두 난소의 양성종양을 의미합니다. 그러나 성숙기형종(mature teratoma)은 2008년 이전에는 경계성종양이었습니다.

Check Point

2008년 4월 이전이라면 성숙기형종은 ICD 국제기준 등에 따른 형태학적 분류는 /1. 경계성입니다. 즉 2008년 이전에 암 보험에 가입하셨다면 양성종양이 아니라 경계성종양으로 보험금을 청구할 수 있습니다.

성대 후두의 양성신생물

성대 후두의 양성신생물 중에서도 약관 규정에 따른 제자리암(소액암) 진단비를 보장받을 수 있는 사례가 있습니다. 암은 악성신생물인데, 악성과는 달리 위험도가 낮은 종양의 형태를 양성신생물이라고 합니다. 양성신생물은 보험금이 지급되지 않지만, 양성신생물이라고 할지라도 암 보험금이 지급되는 경우가 있습니다.

Check Point

조직검사 결과지에 고등급 이형성증(High-grade dysplasia)이라고 적혀 있나요? 형태 분류 /2 가 적용되므로 제자리암(유사암)에 해당됩니다. 진단서에 양성종양이라고 쓰여 있으니 아무 이상이 없구나라고 생각하시지 마시고 전문가의 도움을 받아서 종양의 형태가 양성인지, 경계성인지, 악성인지 확인해 보셔야 합니다.

뇌하수체세포종

뇌하수체세포종은 뇌하수체선종의 일종으로 뇌에 발생한 양성신생물을 뜻합니다. 조직학적 소견에 따라 양성, 경계성, 악성이 결정됩니다. 뇌하수체세포종 진단을 받은 분들은 조직검사 결과지를 자세히 살펴보시기 바랍니다. 양성인 경우에는 암 진단비를 받을 수 없지만, 경계성종양이나 악성으로 진단받는다면 각각 소액암, 일반암으로 진단비를 청구할 수 있습니다.

Check Point

조직검사 결과지에서 'pituicytoma'라는 문구를 확인하셨나요? 병리학적 소견으로 경계성종양에 해당한다면 경계성종양에 해당하는 소액암(유사암) 진단비를 받을 수 있습니다.

뇌 및 중추신경계통의 행동양식 불명 또는 미상의 신생물

두통이나 시각저하, 청력저하 등 이상 소견이 있어서 뇌 MRI 검사나 정밀 검사를 받아보셨나요? 머릿속에 뇌종양이 있어서 방사선 치료를 하셨나요? 방사선 치료 이후에도 신경학적 결손

이 확인되었나요? 향후 주기적인 관찰 치료가 필요하다는 주치
의 소견이 있으신가요?

병리학적 진단이 가능하지 않을 때에는 '임상학적 진단'이 암
의 진단 확정에 인용될 수 있는데, 이때에는 주치의에 소견이 절
대적으로 필요합니다. 조직검사를 통해 종양의 성격이나 형태를
보고 병리학적으로 판단하는 것이 중요합니다.

수술을 할 수 없는 경우 방사선 치료가 필요하고, 신경학적 결
손이 확인되었다면 암 진단비를 청구할 수 있습니다.

보험사와의 분쟁 사례

여기에서는 무겁고 마음 아픈 이야기를 할 겁니다. 이처럼 냉엄한 보험 현실을 보면 가입자분에게 죄송하고 송구스러운 마음이 듭니다.

고객께서는 초간편 1Q 암보험을 가입했는데, 6개월 만에 갑상선암으로 진단받았습니다.
보험회사가 사고 조사를 진행한다면서 어떤 일들이 있었을까요? 내용을 정리하면 다음과 같습니다.

1단계 : 30대 여성분 초간편 1Q 암보험 가입

2단계 : 가입 1년도 안 돼 갑상선암 진단

3단계 : 보험회사의 사고 조사

4단계 : 보험금 청구 시 겪어야 될 계약자의 고통과 필자의 가

이드

1단계 : 초간편암보험 가입

－ 계약일자 : 2020년 9월 19일

－ 보험료 : 20,980원

－ 일반암 : 1,500만 원

－ 유사암 : 1,000만 원

－ 가입 후 1년 미만은 50%

[간편고지 1Q]

피보험자	착한고객 (83****-2******)	판매플랜	암플랜_간편고지(1Q표준형납면적용_갱신형)
상해급수	1급	직업/직무	회사 사무직 종사자 / 회사사무
운행차량	비운전자	이륜차부담보특약	미가입
사망보험금수익자	법정상속인	생존보험금수익자	피보험자 착한고객 (83****-2******)

■ 담보정보

가입담보	보장상세(지급조건)	보험가입금액	보험기간/납입기간
암진단비Ⅱ(유사암 제외)(5년질문)(간편고지Ⅱ)(갱신형)/보통약관	피보험자가 암보장개시일(계약일로부터 90일이 지난날의 다음날) 이후에 암(유사암제외)으로 진단확정시 가입금액 지급(최초 1회에 한함) (단, 가입후 1년 미만 진단시 가입금액의 50% 지급, 기타피부암, 갑상선암, 제자리암, 경계성종양은 보장하지 않음)	1,500만원	30년 만기 (최대 100세) 30년 납기 (최대 63년) 2020-09-19 ~ 2050-09-19
유사암진단비Ⅱ(5년질문) (간편고지Ⅱ)(갱신형)	피보험자가 보험기간 중 보장개시일(계약일로부터 90일이 지난날의 다음날) 이후에 기타피부암, 갑상선암, 제자리암, 경계성종양으로 진단확정시 가입금액 지급(각 1회에 한함) (단, 가입 후 1년 미만은 가입금액 외 50% 지급)	1,000만원	30년 만기 (최대 100세) 30년 납기 (최대 63년) 2020-09-19 ~ 2050-09-19

위 상품은 초간편 1Q(초간편 유병자보험)입니다. 알릴 의무는 5년 이내 암 진단이 있느냐 하는 1가지입니다.

- 유사암 1,000만 원. 갑상선암은 유사암입니다.
- 가입 후 1년 미만은 50%이므로 보험금은 500만 원입니다.

2단계 : 6개월 만에 갑상선암 진단

- 2021년 4월 19일(갑상선암 C73 진단)
- 보험 가입일은 2020년 9월 19일입니다.
- 보험회사에서 지급받을 보험금은 500만 원입니다.

진 단 서

등록번호 :			
연 번 호 :			
환자의 성명		환자의 주민등록번호	83 -2
환자의 주소		(전화번호 :)	
병 명 □ 임상적추정 ■ 최종진단	(주)갑상선암 (부)림프구성 갑상선염	질병분류번호 C73 E06.3	
발병 연월일		진단 연월일	2021년 04월 23일
치료 내용 및 향후 치료에 대한 소견	위 환자는 상기병명으로 2021년 4월 20일 좌측 갑상선 절제술 및 중심구획 경부림프절 박리술을 시행함. 향후에도 정기적인 검사가 필요할 것으로 사료됨. 흉터개선 위해 스카픽스, 바이더닥터 사용함.		
입원.퇴원 연월일	입원일 : 2021년 04월 19일 부터	퇴원일 :	2021년 04월 23일
용 도	보험용		
비 고			

「의료법」 제17조 및 같은 법 시행규칙 제9조제1항에 따라 위와 같이 진단합니다.

2021년 04월 29일

이렇게 갑상선암으로 진단받으셨습니다. 받을 보험금은 500만 원입니다.

3단계 : 보험회사의 사고 조사

안녕하세요~ ○○화재 전화왔는데요, 현장담당자?
나와서 최근병원등확인한다고하는데요
그때 동의관련 뭐만해주면될까요? 현장나오는게첨이여서 만나서 주의사항이나어떻게해야될지요?

2021년 5월 21일, 고객님께서 보내주신 카톡

고객께서 갑상선암 진단비 500만 원을 보험금으로 청구하니 보험회사에서 사고 조사를 개시합니다. 보험회사 현장 담당자가 최근 진료받은 병원 등 현장을 확인하겠다고 가입자분에게 카톡을 보내왔습니다. 굳이 사고 조사를 하겠다는 보험사의 이중성이 엿보이기 시작합니다.

4단계 : 계약자의 고통과 필자의 가이드

가입자분께 보험회사 현장 담당자에게 조사 목적, 조사에 필코로나때문에 직접 만나는게 여의치않아서 우편으로 필요서류 보내주면 확인해서 연락주겠다고하세요.

현장조사 목적은 ~

첫째 계약전 고지의무위반이 있었는지 없었는지 확인하기 위함이고

만일 고지의무위반이 있었다면 어차피 계약체결이 안되었을것이므로 보험금 지급을 거절하겠다고 할 것이고요.

둘째는 암 확정이, 즉 진단시기가 계약전 발병이었느냐? 이부분을 확인하고자 현장방문하려는 것일 겁니다.

고객님 네 ○○화재 보상담당이 광명쪽 담당자보낸다고해서요,광명쪽담당 연락오면 그리말해도되나요?지금 통화한동부쪽에말하면되죠?

요한 안내 서류를 우편으로 요청하도록 조언해 드렸습니다.

보험회사는 사고 조사를 한다면서 갑상선암 진단이 나온 고객님께 국세청 정보 열람에 대한 동의와 문답서를 작성해 달라고 요청해 왔습니다.

고객님 안녕하세요? ○○화재실사담당 통화했는데요, 현장조사 우편요청 했는데 이메일로보내면 등기보내 달라하구요, 국세청보는거동의해달라고해서 우선담당확인해본다했구요,국세 청은동의안하겠다했는데 이전에 보상받은이력없으면 동의안해줄 이유없지않냐는데요, 메일받으면 작성시와 국세청동의관련 알려주 시면감사하겠습니다~

고객님 ○○는 심사지연 톡만왔는데 보상 진행통화해봐도될까요?

정답터 ○○화재 현장조사자가 고객님을 시험하네요! 현장조사자한테 쎄게 보여주실 필요가 있으시겠습니다

○○는 초간편 1Q 알릴의무가 1개 거든요~

계약전 알릴의무가 위반인지 아닌 지는 병원에가서 서류로 확인하면 될 일인데 조사에 해당되지도 않 는 개인정보를 요구하는 것은 불 법인것 같은데 지금 국세청 어쩌 구하는것은 기분이 안좋다! 지금 원칙대로 하는것 맞냐?!!

쎄게 하셔야게습니다.

고객님 아네감사합니다

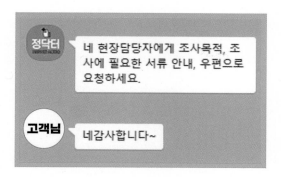

네 현장담당자에게 조사목적, 조사에 필요한 서류 안내, 우편으로 요청하세요.

네감사합니다~

정당터

고객님

괴씸한 보험회사의 행태에 대응하도록 필자는 가입자분에게 현장 조사자를 상대로 당당하게 자신의 개인정보 보호를 강조하여 보험금 지급 협상에서 유리한 고지에 설 수 있도록 조언했습니다.

국세청 정보 열람에 대한 요구는 불필요한 개인정보 요구에 해당되므로 동의하지 않으셔도 됩니다. 국세청 정보엔 병원 치료 내역으로 인한 카드 결제 또는 병원비 내역이 뜨는데, 해당 건을 확인한다는 명목으로 보험 외 정보까지 모두 공개되는 거라서 국세청 정보 열람은 정당하게 거부할 수 있습니다.

사고 조사자가 태연하게 국세청 홈택스, 건강보험, 건강보험심사평가원 앱을 깔고 정보를 보여달라고 하면 응하시겠습니까? 국세청 홈택스 기록이나 연말정산 이용내역, 국민건강보험공단 자료는 타인이 열람할 수 있는 자료가 아닙니다. 절대로 열람에 동의하시면 안 된다고 강조합니다. 의무사항이 아니니 단호하게 거절하시기 바랍니다.

[문답서]

다음 페이지의 서류는 보험사에서 요구하는 문답서의 구체적인 내용입니다. 미리 질문 항목을 알고 있으면 실제로 닥쳤을 때 당황하지 않고 작성할 수 있습니다.

문답서를 통해 피보험자의 과거 직업과 현재 직업을 물어보는 이유는 계약 후 알릴 의무(통지의무) 위반을 찾아서 해지시키려는 겁니다. 계약전 알릴 의무 위반은 3년 이내 강제 해지, 계약 후 알릴 의무 위반은 계약 이후 기간 상관없이 언제든 해지시킬 수 있기 때문입니다.

직장 주소와 집 주소를 확인하는 이유는 진료기록 열람 및 사본발급 동의서, 위임장에 사인만 받아서 직장, 집, 인근 병원을 샅샅히 뒤지려는 겁니다.

[진료기록 열람 및 사본 발급 위임장]

진료기록 열람 및 사본 발급 동의서는 동의해 주어야 합니다. 하지만 동의해 줄 때도 요령이 있습니다. 거의 마지막 단계에서 보험사에서 가입자분께 안내장이 날아옵니다. 보험회사 안내장 서류에는 서명해 주셔도 됩니다.

그런데 부제소합의서(不提訴合意書)에는 절대 서명해 주시면 안 됩니다. 부제소합의는 향후 소송을 제기하지 않겠다는 내용으로, 합의를 보험사에서 이끌어내기 위한 서류입니다.

개인정보인 건강보험 기록이나 국세청 자료는 절대로 보여주실 필요가 없습니다. 보험금 청구 사유와 관련 없는 개인정보는 알려주실 이유도 없습니다.

[손해 사정서 교부 동의 및 확인서]

당연히 받아야 할 보험금 한번 받는데 정말로 써달라는 서류가 많습니다. 최종적으로 2달 만에 보험금을 500만 원을 받기는 했지만, 근시안적으로 보험에 가입하면 어떻게 되는지 독자분들이 제대로 아셨으면 합니다.

손해사정은 애초부터 공정하지 않습니다. 보험회사를 믿으시면 안 되는 겁니다.

3

후유장해 특약의 모든 것

후유장해 특약이란

    질병후유장해는 보험기간 중에 진단 확정된 질병으로 장해분류표(약관 참조)에서 정한 3~100% 장해지급률에 해당하는 장해상태가 되었을 때 장해분류표에서 정한 장해지급률을 보험가입금액에 곱하여 산출한 금액을 지급하는 보험 계약입니다.

    상해후유장해와 재해후유장해 모두 '가입금액 × 장해지급률'로 보장되기 때문에 이 특약에 의한 보장은 되도록 크게 하는 것이 유리합니다.

    2005년 4월~2018년 4월 이전까지 후유장해분류표는 13개 신체부위 87개 장해항목(일상생활 기본동작 제한 포함, 장해평가표)으로 구성되어 있었습니다.

치매 및 신경계 장해

1) 일상생활 기본동작 제한(예 : 뇌졸중) : 10~100%
2) 약간의 치매 – COR척도 2점 : 40%
3) 뚜렷한 치매 – COR척도 3점 : 60%
4) 심한 치매 – COR척도 4점 : 80%
5) 극심한 치매 – COR척도 5점 : 100%

눈

1) 두 눈이 멀었을 때 : 100%
2) 한 눈이 멀었을 때 : 50%
3) 한 눈 교정시력 0.2~0.002 이하 : 5~35%

암

1) 한쪽 폐 상실 : 30%
2) 위 전절제술 : 50%
3) 췌장 전절제술: 50%
4) 대장 전절제술: 50%
5) 인공 항문 설치: 30%

장기이식

1) 심장/폐/신장/간의 장기이식 : 75%
2) 방광의 기능 완전 상실 : 75%

생식기

양쪽 고환/양쪽 난소 절제: 50%

당뇨합병증

1) 평생 투석 : 75%
2) 한쪽 눈 실명: 50%
3) 손가락 모두 상실 : 55%
4) 발가락 모두 상실 : 30%

다리관절

고관절/무릎관절/발목관절
1) 한쪽 인공관절 삽입 : 20%
2) 양쪽 인공관절 삽입 : 40%

상해 및 질병후유장해 예시

귀

1) 두 귀의 청력 상실 : 80%
2) 한 귀의 청력 상실과 다른 귀 청력 장해 : 45%
3) 한 귀의 청력 장해 : 5~25%
4) 한 귀의 귓바퀴 결손 : 10%

코

1) 코의 호흡기능 완전 상실 : 15%
2) 코의 후각기능 완전 상실 : 5%

치아

1) 씹어먹는 기능에 심한 장해 : 80%
2) 씹어먹는 기능과 말하는 기능 모두 뚜렷한 장해 : 40%
3) 영구치 14개 이상 결손 : 20%

척추

1) 약간의 디스크 : 10%
2) 뚜렷한 디스크 : 15%
3) 척추뼈(등뼈)의 운동장해 : 10~40%
4) 척추(등뼈)의 기형 : 15~50%

손

1) 한 손의 손가락 모두 상실 : 55%
2) 한 손의 첫째손가락 상실 : 15%
3) 한 손의 나머지 손가락 상실 : 개당 10%
4) 손목 이상 두 팔 상실 : 100%
5) 손목 이상 한 팔 상실 : 60%

발

1) 한 발의 발가락 모두 상실 : 30%
2) 한 발의 첫째발가락 상실 : 10%
3) 한 발의 나머지 발가락 상실 : 개당 5%
4) 발목 이상 두 다리 상실 : 100%
5) 발목 이상 한 다리 상실 : 50%

수십 년이 지나는 동안 의료환경의 변화, 한국표준질병사인분류의 개정, 과거 장해 판정 기준이 불명확하거나 다의적인 해석 등으로 발생한 다양한 문제들이 있어서 13년 만인 2018년 4월 장해분류표가 개정되었습니다. 이때 평형기능 장해, 폐기능 저하로 인한 장해 항목 등이 신설되었고, 내용이 조금 더 세분화되었습니다.

후유장해 보장범위는 눈, 귀, 코, 씹거나 말하는 치아, 외모, 척추, 체간골, 팔, 다리, 손가락, 발가락, 흉복부장기, 비뇨생식기, 신경계·정신행동 장해 등 13개 신체부위입니다. 그런데 눈, 귀, 팔, 다리는 좌우를 각각 다른 신체부위로 보기 때문에 좌우 신체부위에 두 가지 이상의 장해가 각각 발생한 경우에는 합산하여 ^(약관에서 정한 판정기준에 따라) 보장하고 있습니다.

Check Point

후유장해는 최초 1회 지급이 아니라 장해지급률에 따라 각 신체부위마다 '가입금액 × 장해지급률'만큼 합산 보장, 반복 보장, 추가 보장되기 때문에 보장범위가 넓습니다. 이때문에 가입금액 ^(보장금액)을 크게 해야 좋다 라고 강조하는 것입니다.

상품이 변하고, 의학기술도 변하고, 그에 따라 약관 해석이나 실무적인 지급 규정이 변경될 수 있으므로 가입자분들은 능력 있는 보상 전문가를 설계사로 두시는 것이 좋습니다.

후유장해의 종류와 보장

　불구가 되거나 일상생활이 불가능할 정도로 심각한 장해인이 되어야만 후유장해라고 알고 계셨나요? 개인보험에서 후유장해 보험금을 받으셨다고 해서 장해인이 되는 것은 아니며, 일상생활에 전혀 지장이 없는 후유장해 사례들도 매우 많습니다.

　대부분의 사람들이 장해인지 몰라서 청구조차 생각하지 못 하는 후유장해를 몇 가지 나열하면 다음과 같습니다.

　① 추간판장해^(디스크, 기여도 삭감) : 10~20% 장해

　② 위 절제 수술^(비만대사수술) : 30~50% 장해

　③ 5~14개 임플란트^(금관치료 0.5개 결손 인정) : 5~20% 장해

　④ 얼굴의 흉터^(외모) : 5~15% 장해

⑤ 운동 중 십자인대파열 : 5~20% 장해(일상생활 배상책임으로 처리 가능)

⑥ 고관절·무릎 인공관절 삽입 : 20% 장해(AVN 무혈성 괴사)

⑦ 교통사고 압박골절 : 30% 기형장해(사고 즉시 보험금 청구 가능)

⑧ 자궁내막암 난소 절제 : 50% 장해(납입면제 검토 요망)

⑨ 손목·발목골절 인대파열 : 5~20% 운동장해(신경면 손상 여부)

⑩ 손가락 뼛조각 골소실 : 5%~10% 절단장해(2018년 4월 이전 한정)

이것 말고도 후유장해는 일상생활 중 언제나 누구에게나 일어날 수 있고, 관련된 사례들은 무수히 많습니다.

디스크

뼈와 뼈 사이에 존재하는 젤리같이 생긴 수핵이 흘러나오면서 신경을 압박하고 자극하는 질병을 디스크라고 합니다. 디스크는 퇴행성 병변이라서 젊은 때는 척주에 가해지는 충격을 잘 흡수하지만, 나이가 들어 퇴행이 진행되면 충격을 잘 흡수하지 못하기에 신경 손상이 될 확률이 높습니다. 이로 인하여 척추통증, 감각이상, 근력약화, 운동장해가 나타나고, 목뼈에는 상지방사통, 허리뼈에는 하지방사통 등 신경과 관련된 통증을 호소하는 것을 주변에서 흔히 볼 수 있습니다.

디스크는 누구에게나 있을 수 있는 흔한 질병이므로 후유장해

보장을 크게 준비해 놓는 것이 좋습니다.

디스크 후유장해 가입금액(보장금액)이 왜 커야 좋은지 지금부터 실무에 맞게 알아보도록 하겠습니다. 가입금액이 크면 담보로서 역할을 충분히 할 수 있습니다

◉ 디스크 영구장해 10%(가정) 계산법

가입금액 1억 원 × 장해 10% × 사고 기여도 70% = 700만 원

◉ 디스크 한시장해 10% 계산법

가입금액 1억 원 × 장해 10% × 사고 기여도 70% × 한시장해 20%

= 140만 원

◉ 디스크 영구장해 혼합설계로 가입금액을 크게한 경우

가입금액 10억 원 × 장해 10% × 사고 기여도 70% = 7,000만 원

가입금액 20억 원 × 장해 10% × 사고 기여도 70% = 1억 4,000만 원

◉ 디스크 한시장해 혼합설계로 가입금액 크게 한 경우

가입금액 10억 원 × 장해 10% × 사고 기여도 70% × 한시장해 20%

= 1,400만 원

가입금액 20억 원 × 장해 10% × 사고 기여도 70% × 한시장해 20%

= 2,800만 원

디스크는 영구장해로 판정나기가 어렵기 때문에 보상전문가의 도움을 받아야만 후유장해로 인정될 가능성이 큽니다. 한시장해로 인정받는다 해도 2% 지급률이라서 가입금액이 작으면 실익이 없습니다.

● 디스크 후유장해 청구 시 진행과정

① 디스크 원인이 상해 때문인지 아니면 질병 때문인지 의무기록으로 확인되어야 합니다.

② 6개월이라는 시간 동안 충분한 치료 이후 장해평가를 시행합니다.

③ 디스크의 장해평가는 수술을 한 경우에는 15~20% 지급률, 수술을 하지 않은 경우에는 10% 지급률로 장해 판정을 받습니다.

④ 영구장해 여부, 한시장해 여부, 사고 관여도 등이 장해진단서에 기재되며, 100% 분쟁이 발생하게 됩니다.

⑤ 보험회사는 현장 심사(사고 조사)를 진행하고, 회사 내부 자문이나 다른 병원의 의료 자문까지 시행하여 후유장해를 인정하지 않거나 사고 기여도만큼 보험금을 삭감합니다.

Check Point

상해후유장해(손해보험), 재해후유장해(생명보험)라는 특약에 우선

가입되어 있어야 합니다. 보험증권을 꺼내셔서 상해후유장해보장이 얼마인지 확인하시기 바랍니다. 디스크 후유장해를 제대로 보장받기 위해서는 후유장해 가입금액을 처음부터 크게 준비해 주는 것이 최선입니다.

꼬리뼈골절

친구들끼리 장난치다 빙판길에 엉덩방아를 찧었는데 엉덩이에 통증이 있습니다. 병원에 갔더니 꼬리뼈가 골절되었다고 합니다. 일상생활에 크게 불편함이 없기에 대부분의 가입자들이 실손의료보험으로 골절 진단비를 청구하지만, 후유장해(척추의 기형장해)는 생각하지 않습니다. 척추의 골절 또는 탈구로 전만증, 후만증, 측만증 등의 기형이 발생하면 변형각도에 따라 지급률 15%~50% 사이에 해당하는 후유장해 보상금을 받을 수 있습니다.

꼬리뼈의 변형이 약관에서 정한 장해내용에 부합되면 후유장해 보상이 됩니다. 2018년 4월 이전 보험에서는 "척추는 경추 이하를 모두 동일부위로 한다"라고 명시되어 있으므로 꼬리뼈도 척추장해로 평가합니다.

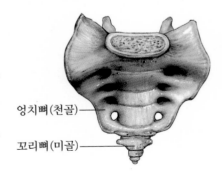

엉치뼈(천골)

꼬리뼈(미골)

일상생활에 크게 문제는 없지만, 15~50%까지 후유장해 보험금을 보장받을 수 있습니다.

① X-ray 검사상 객관적으로 꼬리뼈 골절이 확인되는지 여부
② 치료를 담당했던 병원에서 기형 각도로 인한 후유장해 진단서 발급을 꺼려하므로, 통증이 지속되면 보상 전문가의 도움을 받는 것이 좋습니다.
③ 2018년 4월 이전에 가입한 보험인지 여부. 사고 시점이 아닌 후유장해로 판정받은 날로부터 소멸시효가 시작됩니다.

척추압박골절

추체가 눌리거나 찌그러지는 골절을 압박골절이라고 합니다. 수술을 하면 10~40%까지 운동장해가 남을 수 있고, 수술을 하지 않는다 해도 변형된 척추각도를 평가하여 15~50%까지 기형장해가 남을 수 있습니다.

척추뼈의 변형장해를 평가하는 방법을 알아보겠습니다.

◐ Cobb's angle(콥스각)

여러 개의 척추뼈를 기준으로 변형각을 측정하는 방법입니다.

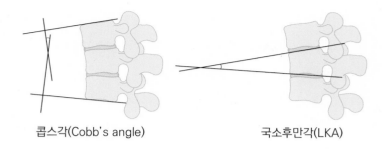

| 콥스각(Cobb's angle) | 국소후만각(LKA) |

● LKA(국소후만각, Local kyphotic angle)

한 개의 척추뼈를 기준으로 변형각을 측정하는 방법입니다.

만약 후유장해 가입금액이 1억 원이고 약간의 기형장해 15%가 남았다고 하면 후유장해 보험금은 1,500만 원이 됩니다. 후유장해 가입금액이 5억 원이고 약간의 기형장해 15%가 남았다고 하면 후유장해 보험금은 7,500만 원이 됩니다.

Check Point

콥스각으로 각도를 측정할 때와 국소후만각으로 각도를 측정할 때 각각 각도가 다르게 나올 수 있기 때문에 가입자는 자신에게 유리한 방법으로 기형장해 평가를 합니다.

2018년 이전 약관에는 기형각도 측정방법이 구체적으로 명시되어 있지 않았기 때문에 가입자는 자신에게 유리한 방법을 선택하여 장해평가를 할 수 있었습니다.

하지만 2018년 이후 약관에는 콥스각만 인정한다고 명확하게 명시되어 있기 때문에 몇 년도에 보험에 가입했는지에 따라 장해 평가 방법이 달라질 수 있습니다.

- 척추의 압박골절은 수술하는 경우 척추체의 유합갯수(핀을 몇 개 삽입했느냐에 따라 10~40%)를 기준으로 장해를 확정합니다.

- 척추의 압박골절은 수술을 하지 않는 경우 기형각도를 측정(압박률에 따라 15~50%)하여 장해를 확정합니다.

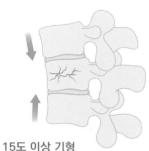

15도 이상 기형
30% 장해

척추장해는 골다공증이나 골감소증이 있는 경우에는 감액할 수 있고, 사고 관여도를 측정하여 후유장해 보험금을 삭감할 수 있으니 반드시 전문가의 도움을 받는 것이 좋습니다.

무혈성괴사로 인한 인공관절치환술

대퇴골두로 가는 혈액의 공급이 여러가지 이유로 인해 차단되어 뼈조직이 죽어가는 것을 대퇴골두 무혈성괴사라고 합니다. 고관절뿐만 아니라 슬관절이나 어깨관절 부위에서도 괴사가 일어나기도 합니다.

2018년 4월 이전에는 ① 인공관절이나 인공골두를 삽입한 경우 30% 장해이며, ② '가입금액 1억 원^(가정) × 장해 30% = 3,000만 원'이라는 후유장해 보험금을 보장받을 수 있습니다.

2018년 4월 이후에는 ① 인공관절이나 인공골두를 삽입한 경우 20% 장해이며, ② '가입금액 1억원^(가정) × 장해 20% = 2,000만 원'의 후유장해 보험금을 보장받을 수 있습니다.

대퇴골두 무혈성괴사 원인으로는 ① 과도한 음주, ② 대퇴골 경부골절 등 외상으로 인한 혈관 손상, ③ 신장질환, 통풍, ④ 장기간 스테로이드 투여 등이 있습니다. 대퇴골두 무혈성괴사의 원인이 장기간 동안 스테로이드 투여로 판정되었을 때 보험회사에서는 상해가 아니라고 주장했지만, 상해후유장해로 인정한 판례도 있습니다.

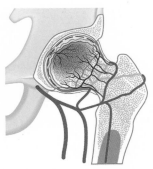

대퇴골두의 무혈성괴사

스테로이드 약물을 장기간 복용한다거나 통풍 및 신장질환을 가지고 있다면 20~40대의 젊은 연령대라도 대퇴골두 무혈성괴사가 발생할 수 있다고 합니다.

Check Point

① 과도한 음주와 부신피질호르몬제^(스테로이드) 투여가 전체 원

인의 90%를 차지

② 전도와 낙상 사고로 인한 골절

③ 진단서에 기재된 질병코드가 '근골격계통 및 결합조직의 질환'인 M코드^(질병코드)인지 '손상, 중독 및 외인에 의한 특정 기타 결과'인 S코드^(상해코드)인지 여부를 확인합니다.

십자인대파열

과격한 운동, 급격한 방향 전환, 그리고 예상치 못한 교통사고 등으로 발생하는 십자인대파열^(무릎관절의 동요)은 누구나 한 번쯤은 들어보셨을 겁니다. 인대재건술을 시행한 경우라도 개인보험에서 보장하는 상해후유장해에 해당될 수 있습니다.

환측^(다친부위) 무릎에서 6.5mm 동요^(무릎이 흔들림) 소견을 보인다는 것은 개인보험 약관에서 정한 한 다리의 3대 관절 중 약간의 장해^(지급률 5%)를 남긴 때에 해당하므로 가입한 보험을 통해 후유장해 보험금을 지급받을 수 있습니다.

만약 후유장해 가입금액이 1억 원이고, 5mm 이상의 동요관절이 남았다고 하면 '1억원 × 5% = 후유장해 보험금 500만 원'이 됩니다.

스키장에서 다른 사람과 충돌하여 무릎을 다친 경우에는 상대방으로부터 손해배상을 받아야 하므로 맥브라이드 방식으로 장

해를 평가해서 노동능력 상실률에 따라 위자료, 상실수익액^{(일실수}
^{익)} 등 법원에서 정한 손해배상금을 받을 수 있습니다.

맥브라이드 장해 평가방법은 1936년에 맥브라이드 교수가 정
한 노동능력 상실 평가방법입니다. 이는 직업을 고려하여 9개 항
으로 계수화하여 직업별 적용도를 고려한 평가방법인데, 직업이
나 평가항목의 다양성 등 많은 단점에도 불구하고 현재까지 법원
이나 보험 등에서 사용되고 있습니다.

Check Point

후유장해의 경우 사고 내용에 따라 개인보험에서 정한 AMA
방식 또는 자동차 사고나 배상책임에서 정한 맥브라이드 방식으
로 장해를 평가할 수 있으므로 장해진단서 또한 달리 발급받아야
합니다.

① 개인보험의 상해후유장해에서 후유장해 보험금을 보장받
　을 수 있습니다.

② 가해자가 있는 교통사고나 배상책임에서는 맥브라이드식
　장해 평가를 통해 노동능력상실률을 평가하여 '위자료 +
　상실수익액^(일실수익)' 등 손해배상금을 받을 수 있습니다.

무릎 동요관절 장해평가 시 1mm에 차이에 따라 장해등급이
나 노동능력상실률 등이 달라질 수 있기 때문에 정확한 측정과
전문가의 평가가 필요합니다.

관절의 운동장해

개인보험에서 적용하는 AMA 장해평가법에서는 관절의 기능을 완전히 잃었을 경우는 30% 장해, 해당 관절의 운동범위 합계가 정상 운동범위의 1/4 이하로 제한된 경우는 20% 장해, 1/2 이하로 제한된 경우는 10% 장해, 3/4 이하로 제한된 경우는 5% 장해라고 합니다.

◐ 견관절, 주관절, 수관절의 운동장해

기능 상실 및 장해

① 한 팔의 3대 관절 중 1관절의 기능을 완전히 잃었을 때 : 30%

② 한 팔의 3대 관절 중 관절의 기능에 심한 장해(운동범위 합계가 정상운동범위의 1/4 이하로 제한)를 남겼을 때 : 20%

관절의 운동범위 제한

견관절(어깨관절) : 외전, 내전, 굴곡, 신전, 외회전, 내회전

주관절(팔꿈관절) : 굴곡, 신전, 회의, 회내

수관절(손목관절) : 굴곡, 신전, 요측편위, 척측편위

① 한 팔의 3대 관절 중 1관절의 기능에 뚜렷한 장해(운동범위 합계가 정상운동범위의 1/2 이하로 제한)를 남겼을 때 : 10%

② 한 팔의 3대 관절 중 관절의 기능에 약간의 장해(운동범위 합계

가 정상운동범위의 3/4 이하로 제한)를 남겼을 때 : 5%

● 고관절, 슬관절, 족관절의 운동장해

기능 상실 및 장해

① 한 다리의 3대 관절 중 관절의 기능을 완전히 잃었을 때 :
30%

② 한 다리의 3대 관절 중 1관절의 기능에 심한 장해(운동범위 합
계가 정상운동범위의 1/4 이하로 제한)를 남겼을 때 : 20%

관절의 운동범위 제한

고관절 : 굴곡, 신전, 내전, 외전, 내회전, 외회전

슬관절 : 굴곡, 신전

족관절 : 굴곡, 신전, 내번, 외번

① 한 다리의 3대 관절 중 1관절의 기능에 뚜렷한 장해(운동범위
합계가 정상운동범위의 1/2 이하로 제한)를 남겼을 때 : 10%

② 한 다리의 3대 관절 중 1관절의 기능에 약간의 장해(운동범위
합계가 정상운동범위의 3/4 이하로 제한)를 남겼을 때 : 5%

상완골

상완골(위팔뼈)을 다쳐서 수술하셨나요? 후유장해에 필요한 서
류는 다음과 같습니다.

① 사고 이후의 X-ray, MRI 검사 필름 사본. CD로 발급 가능

② 골다공증 검사지

③ 사고내용을 검토할 수 있는 초진 기록지

④ 보험증권

⑤ 진단서

상완골 골절 시 후유장해 예상 지급률은 5~10%이기 때문에 가입한 개인보험의 상해후유장해 가입금액이 1억 원이라면 500만 원 또는 1천만 원의 후유장해 보험금을 기대할 수 있습니다.

Check Point

① 골절 부위가 관절면을 침범하였는지 여부

② 뼈가 붙는 과정에서 관절이 정상적으로 움직여지는지 여부

치아의 결손

사고로 인해서 치아가 상실되거나 결손되는 경우도 있지만, 치아우식증^(질병)으로 치아를 상실하여 임플란트를 하는 경우도 제법 많습니다. 개인보험에서 치아에 대한 후유장해를 인정받기 위해서는 최소 5개 이상의 치아가 결손되어야 합니다.

치아의 결손이란 치아가 상실 또는 발치된 경우를 말하며, 치아의 일부 손상으로 금관치료^(크라운 보철수복)를 시행한 경우에는 치

아의 일부 결손으로 인정하여 1/2개 결손을 적용합니다(2018년 이후 약관). 2018년 4월 이전에는 치아의 상실 또는 치아의 신경이 죽었거나 1/3 이상이 파절(깨짐, 부러짐)된 경우를 치아의 결손으로 보았습니다.

- 치아 5개 결손 : 5% 장해
- 치아 7개 결손 : 10% 장해
- 치아 14개 결손 : 20% 장해

교통사고로 치아 6개에 대한 진료 후 치아 4개는 상실되거나 발치되었고, 2개는 신경치료 후 크라운치료를 받았다면 최종 5개 상실이 인정되어 5% 후유장해에 해당됩니다.

Check Point

① 성인의 경우 영구치는 32개입니다(사랑니 포함).

② 보철 치료(자연치아)를 위해 발치한 경우(보장 안 됨)

③ 노화로 치아가 자연 발치된 경우(보장 안 됨)

④ 유상의치, 가교의치(틀니, 임플란트) 등의 보철 치료(보장 안 됨)

⑤ 인레인 등 간단한 충전 치료(보장 안 됨)

⑥ 2018년 이전과 이후는 약관에 따라 치아파절의 보상기준이 다릅니다.

외모의 추상장해

외모란 '얼굴(눈, 코, 귀, 입 포함)·머리·목'을 말하며, 추상이란 성형수술(반흔성형술, 레이저치료 등)을 시행한 후에도 영구히 남는 추상(醜像:얼굴의 추한 모습)을 말합니다. 외모에 추상을 남긴 때란 상처의 흔적, 화상 등으로 피부의 변색, 모발의 결손, 조직(뼈, 피부 등)의 결손 및 함몰 등으로 성형수술을 하여도 더 이상 추상이 없어지지 않는 경우를 말합니다.

① 뚜렷한 추상 : 15% 장해
② 약간의 추상 : 5% 장해

실제 사례를 하나 소개하겠습니다.

5년 전 교통사고로 아이 얼굴에 흉터가 남았는데, 치료받은 아산병원에서 성장기 아이는 레이저 치료가 소용없다고 했었고, 담당 주치의는 영구장해를 인정해 주지 않으려고 했습니다. 보험회사에서 의료자문이 나올 것이 확실했기 때문에 수술하고 치료받은 병원이 아닌 다른 병원에서 장해진단서를 발급받아 후유장해 보험금을 청구하였습니다.

그런데 보험회사는 후유장해 인정을 해주지 않았고, 결국 가입자는 치료를 받은 아산병원에 가서 다시 후유장해를 평가받고 진단서를 재발급받았습니다. 보험회사에서는 절대 추상장해를 인정하지 않고, 의료자문 및 동시 감정을 요청했지만, 가입자는 아산병원 주치의로부터 진단서를 재발급받았습니다. 몇 번이나 지급거절되었으나 끝까지 포기하지 않고 재접수하여 결국 2천만 원이 넘는 후유장해 보험금을 수령할 수 있었습니다.

개인보험은 상해후유장해 가입금액이 커야만 계약자에게 절대적으로 유리합니다. 만약 장해가 5%라고 가정한다면, 후유장해 보험금을 청구할 때 전문가에 도움을 받기도 용이하며, 완전히 다른 결과가 나타날 것입니다.

가정 1) 상해후유장해 1억 원 × 5% 장해 = 500만 원

가정 2) 상해후유장해 5억 원 × 5% 장해 = 2,500만 원

가정 3) 상해후유장해 10억 원 × 5% 장해 = 5,000만 원

추상장해는 보험회사가 한 번에 장해를 인정하려고 하지 않습니다. 반드시 전문가의 도움을 받는 것이 좋습니다. 또한 어린 자녀를 두고 있으시다면 상해후유장해를 1순위로 보장을 크게 만들어주시는 것이 매우 좋습니다. 3~100% 상해후유장해 5억 원을 보험료 1만 원으로 준비할 수 있습니다.

비만 수술(위소매절제술)

위소매절제술은 고도의 비만환자나 합병증을 가지고 있는 사

람의 비만을 치료하기 위한 목적으로 위 크기를 제한하는 수술입니다. 2019년부터 비만을 질병으로 규정하고, 비만치료방법 중 위소매절제술은 건강보험을 적용받을 수 있게 되었습니다.

체질량지수(BMI) 35 이상이거나 30 이상이면서 합병증(고혈압, 당뇨 등)을 동반한 경우 건강보험을 적용할 수 있습니다.

Check Point

2018년 4월 이전의 보험계약은 위를 전부를 잘라내야만(위 전절제 시 50%) 후유장해가 인정되었습니다. 그러나 2018년 4월 이후 약관이 개정되면서 위를 50% 이상 절제하면 '흉복부 장기의 기능에 뚜렷한 장해를 남긴 때'에 해당하므로 30%의 후유장해 보험금을 보장받을 수 있게 되었습니다.

위암 초기라도 위를 전절제할 수 있습니다. 혹시 몰라서 후유장해 보험금을 청구하지 않으셨다면 지금이라도 위를 절제했다는 소견서를 받아서 후유장해 보험금과 납입 면제를 신청해 보시기 바랍니다.

손가락뼈절단장해

친구들과 농구를 하다가 손가락에 상해를 입는 경험은 다들 한 번씩 있으실 겁니다. 고등학교 2학년 학생이 해당 사고로

X-ray 검사 후 뼛조각이 떨어져 나갔다는 진단을 받게 되었습니다. '손가락뼈 일부를 잃었을 때'라는 것은 절단장해, 결손장해입니다.

2018년 4월 이전 가입자라면 새끼손가락 뼛조각이 조금 떨어져 나갔어도 후유장해 보험금 5%에 해당될 수 있습니다. 한 손의 첫째손가락 이외의 손가락의 손가락뼈 일부를 잃었을 때에도 5% 장해(절단장해, 결손장해)입니다.

Check Point

① 진단서 및 영상 CD 보험회사에 제출
② X선상으로 뼛조각이 떨어져 있는 것은 정밀검사를 통해 확인 가능
③ 뼛조각이 아주 미세하게 떨어져서 엑스선 사진으로 명백하게 확인이 안 되는 경우에는 분쟁이 발생할 수 있습니다.
④ 2018년 4월 이후 보험은 해당되지 않습니다.

발가락의 운동장해

무거운 물건이 떨어져 발가락이 찍혀서 골절되었습니다. 사고 후 발가락관절의 움직임에 제한이 남으면 후유장해를 검토해 볼 수 있습니다. 엄지발가락은 2개의 뼈로, 나머지 발가락은 3개의

뼈로 구성되어 있습니다. 만약 제대로 치료가 이루어지지 않으면 뼈가 잘 안 붙을 수도 있고^(불유합), 분쇄골절이거나 관절면이 침범한 골절은 운동장해가 남았을 가능성이 있습니다.

- 한 발의 첫째발가락의 발가락뼈 일부를 잃었을 때^(절단장해) 또는 뚜렷한 장해^(운동장해)를 남긴 때 : 8%장해
- 한 발의 첫째발가락 이외의 발가락의 발가락뼈 일부를 잃었을 때^(절단장해) 또는 뚜렷한 장해^(운동장해)를 남긴 때^(1 발가락마다) : 3% 장해

'다른 네 발가락은 중족지관절의 신전 운동범위만을 평가하여 정상 운동범위의 1/2 이하로 제한된 경우를 말합니다.'라고 약관에 명시되어 있습니다.

Check Point

① 관절강직으로 인한 운동제한이 남았을 때 후유장해 보험금을 검토해볼 수 있습니다.

② 영구장해일 것

지금까지 다양한 후유장해 사례들을 알아보았는데, 이게 끝이 아닙니다. 후유장해는 정말 보장범위가 넓습니다. 자궁내막암으로 인한 난소절제^(50% 장해), 위암으로 인한 위 전절제^(50% 장해), 말기신부전증으로 인한 투석치료^(75% 장해), 뇌졸중으로 말하거나 씹

는 장해(5~100% 장해), 뇌졸중으로 인한 팔다리 마비(10~100% 장해), 관절염으로 인한 무릎인공관절 삽입술(20% 장해), 당뇨 합병증으로 인한 한쪽 눈 실명(50% 장해), 치매로 인한 장해(40~100% 장해), 정신 행동장해(10~100% 장해), 간질발작으로 인한 장해(10~70% 장해) 등 다양한 보장이 있습니다.

일상생활에서 정말 다양한 사고에 직면하게 됩니다. 그럴 때 치료 그 자체도 물론 중요하지만, 후유장해에 대해 반드시 생각해보시기 바랍니다.

척추, 팔, 다리, 손가락, 발가락 등 신경이 지나는 부위가 골절되면 운동제한이 남아 장해가 생길 수도 있습니다. 골절의 위치에 따라서 혈액순환이 전혀 되지 않는 골절부위가 있는데, 혈액순환 장해 및 골절 간격의 골형성 장해로 인하여 불유합(뼈가 잘 붙지 않음)이 발생활 확률이 높습니다.

한편 자동차 사고나 가해자가 있는 배상책임으로 치료를 받고 있다면 절대 치료비만 받고 합의하시면 안 됩니다. 후유장해가 남아 노동소득의 감소가 예상될 수 있기에 반드시 전문가의 도움을 받아야만 합니다.

사고로 인한 뇌 손상, 시력저하, 안구의 운동장해, 청력장해, 후각기능 상실 등 이루 말할 수 없이 많은 후유증이 있을 수 있습니다.

개인보험에서 후유장해를 보장받았다고 무조건 장해인이 되는 것이 아닙니다. 약관에서 정한 장해내용 3%~100%에 부합되는 경우 후유장해 보험금을 보장받을 수 있습니다. 교통사고나 배상책임에서 후유장해를 평가하는 방식은 맥브라이드 후유장해 진단이며, 개인보험에서 후유장해 평가방식은 AMA 방식입니다.

◐ 장해평가 방식과 종류

① 맥브라이드 장해평가방법(노동소득의 감소)

② 산재장해평가방법(14등급 체계)

③ 장해인복지법상의 장해평가방법(국가장해 2등급 체계)

④ 개인보험 AMA 장해평가방법

개인보험의 경우 장해 정도에 따라 일상생활에 전혀 문제가 없는 장해부터 평생 타인에게 도움을 받아야 하는 심각한 장해까지 종류도 다양하고 보장범위도 제각각입니다.

보험금 지급 여부는 가입한 상품마다 특약으로 정하고 있는 3% 후유장해, 50% 후유장해, 80% 후유장해 등 내용이나 상해 및 질병 등 원인도 상이하므로 가입한 보험의 약관을 꼼꼼하게 확인해야 합니다.

4

실손의료보험의 모든 것

우리나라 실손의료보험의 역사

　실손의료보험이란 병·의원 및 약국에서 피보험자가 입원, 통원, 처방조제로 실제 지출한 의료비 중 급여의 본인 부담금과 비급여의 일정 부분을 보상해 주는 보험입니다.

　실손의료보험의 특징은 세 가지입니다. 보험가입금액 내에서 실제 부담한 금액만을 보상하고, 약관에서 열거하고 있는 면책사항을 제외한 모든 사고를 보상합니다. 이때 비례 보상을 원칙으로 합니다.

　2003년 9월 30일 이전에 계약된 실손의료보험의 보상 기준은 상해 의료비 특약으로 의료비 부담 주체에 관계없이 총발생의료비^(공단 부담액)를 보상하였습니다. 2003년 9월 30일 이전에는 손해

보험에서만 실손의료보험을 판매하였습니다. 이 시기에는 피보험자의 '발생 의료비를 중심으로 의료비를 보상'하였습니다. 즉 피보험자가 질병 또는 상해의 치료를 목적으로 병의원 등에서 치료를 받게 된 경우에 의료비의 부담 주체에 관계없이 치료를 직접 목적으로 발생한 비용을 기준으로 보상하였습니다.

이때 손해보험회사별로 개별적인 상품이 개발·판매되어 발생 의료비의 지급비율(50%~100%)도 다양했습니다. 이 시기의 상품은 자동차보험 또는 산업재해보험으로 피보험자가 치료비를 지출한 내용이 없다고 하더라도 '자동차보험 또는 산업재해보험'으로 처리된 의료비까지 지급받을 수 있었습니다.

2003년 10월 1일 이후의 실손의료비 상품은 상해 또는 질병의 치료를 직접 목적으로 발생한 의료비 중 본인 부담금을 기준으로 보상되었습니다. 즉 국민건강보험이 적용된 의료비의 경우 보상하지 아니하는 손해에 해당되지 않은 한 본인 부담금을 100% 보장하였습니다.

국민건강보험이 적용되지 않는 경우에는 발생 의료비의 50%를 보장받을 수 있습니다. 즉 자동차보험 또는 산업재해보험으로 처리된 경우 국민건강보험이 적용되지 아니한 것으로 간주하여 발생 의료비의 50%를 지급받을 수 있습니다.

이 시기에는 실손의료보험의 담보 내용을 확장하는 한편, 보장 내용을 일부 수정하는 상품도 다수 판매되었습니다. 즉 보험

구분	건강보험 적용			건강보험 미적용			비고
	공단부담	본인부담	병실차액	공단부담	본인부담	병실차액	
2003. 9. 30 이전	100% 담보	100% 담보	치료목적 담보	100% 담보		치료목적 담보	총발생의료비 모두 보상
2003. 10. 1 ~2009. 9. 30	부담보	100% 담보	치료목적 담보	50% 담보		치료목적, 병실사정(7일)	본인 부담금 산재/자동차보험 50%
2009년 10. 01 이후	부담보	90% 담보	50% 담보	40% 담보			순수 본인부담금
2013. 01. 01 (표준형)	부담보	80% 담보	50% 담보	40% 담보			이원화
2016. 01. 01 (선택함)	부담보	90~80%	50% 담보	40% 담보			선택형 보장 축소

　　회사별로 별도의 의료비특약을 개발하여 일반 실손의료비에서 담보하지 않는 병실차액을 보장하면서 보장범위를 피보험자가 부담한 의료비의 40%를 담보하는 상품이 그것입니다. 또한 생명보험에서는 2003년부터 실손의료보험(단체보험)이 판매되었고, 2008년 5월부터는 개인보험으로 확대되었습니다.

　　2009년 10월에는 손해보험의 실손의료보험과 생명보험의 실손의료보험이 통합되었습니다. 이 당시 실손의료보험은 현재의 선택형 실손의료보험이라고 할 수 있습니다.

　　실손의료보험의 변천사 중 가장 큰 특징은 2009년 10월 1일을 기점으로 회사별로 각각 다르게 운영하고 있던 상품구조가 표준화되었다는 사실입니다.

입원 의료비의 주요 변경 내용

구분	2009.10.1. 이전	2009.10.1. 이후
보험 가입 금액	1억 원 이내	5천만 원 이내
자기 부담률	없음	10%(연간 200만 원 한도)
상급병실료 차액	50% 보상	50% 보상(1일 평균 입원일당 10만 원 한도)
한방 치료비	보상	급여 부분 본인부담금
치과 치료비	상해입원 : 보상 질병입원 : 면책	급여 부분 본인부담금
해외 진료	보상	면책
항문 질환	면책	급여 부분 본인부담금

이후 2013년 실손의료보험이 현재의 표준형과 선택형으로 나누어지게 되었습니다. 2016년부터는 그동안 논란이 되었던 비례 보상 방식을 정형화하였고, 일부 정신과질환과 치과질환의 급여 부분을 보상하고, 보상 제외 기간 산정 방식 등을 변경하였습니다.

퇴직 후 단체실손의료보험을
개인실손의료보험으로 전환

실손의료보험을 중복으로 가입하였더라도 실손의료보험은 비례보상을 원칙으로 하므로 보험금을 분담하여 보상받습니다.

단체실손의료보험을 퇴직 후에 유지·관리하는 방법을 알려드리겠습니다.

단체실손의료보험에 가입하신 분들 중 회사에서 퇴직하면 개인실손의료보험으로 전환하려는 문의를 많이 하십니다. 하지만 참으로 안타깝게도 개인실손의료보험으로 전환되지 않는 분들이 꽤나 있습니다.

그래서 여기에서는 단체실손의료보험을 개인실손의료보험으로 전환하는 조건을 자세히 안내합니다.

첫 번째, 단체실손의료보험 보장 종료 시 원할 경우 일반 개인 실손의료보험으로 전환하는 방법입니다. 직전 5년간(연속) 단체실손의료보험에 가입한 일반실손 가입연령(60세 이하) 해당자는 단체실손의료보험 종료 후 1개월 내에 보험회사(퇴직 직전 단체보험에 가입한 보험회사)에 전환 신청을 하면 됩니다. 직전 5년간 보험금을 200만 원 이하로 받고 당뇨·암 등 10대 중대 질병 이력이 없으면 무심사로 전환 가능합니다.

전환 요건은 단체실손의료보험에 5년 이상 가입되어 있어야 합니다. 단체실손의료보험 미가입 기간이 누적되어 3개월 이내라면 실손의료보험을 계속 가입한 것으로 인정됩니다. 과거 가입연령

제목 : 2018년 12월 1일부터 단체실손의료보험과 개인 실손의료보험의료 간의 연계제도가 시행됩니다.

① [단체실손의료보험→개인실손의료보험 전환] 단체실손의료보험에 가입되어 있는 소비자가 퇴직 등으로 단체실손의료보험 종료 시 개인실손의료보험으로 전환

■ 5년 이상 단체실손의료보험 가입 시 동일한 보장의 개인실손의료보험으로 전환

■ 5년간 보험금 200만원 이하 수령 & 10대 질병 이력 없는 경우 無심사

- 암, 백혈병, 고혈압, 협심증, 심근경색, 심장판막증, 간경화증, 뇌졸중(뇌출혈, 뇌경색), 당뇨병, 에이즈(HIV 보균)

이 60세 이하인 경우 단체실손의료보험 종료 후 1개월 내 전환 신청이 가능합니다. 현재는 65세까지 전환 연령이 확대되었습니다.

두 번째, 개인실손의료보험 중지 신청 후 재개하는 방법이 있습니다. 단체실손의료보험에 가입할 때 기존 개인실손의료보험 중지 신청을 한 후 다시 재개하면 됩니다. 단체실손의료보험에 가입하면 기존 개인실손의료보험의 보험료 납입 및 보장 중지를 신청할 수 있습니다. 또 단체실손의료보험 보장이 종료되면 중지했던 개인실손의료보험 계약을 무심사로 재개할 수 있습니다.

---

② [개인실손의료보험 중지 및 재개] 개인실손의료보험 가입자가 단체실손의료보험 가입 시 기존에 가입한 개인실손의료보험의 보험료 납입 및 보장을 중지하고, 향후 단체실손의료보험 종료 시 중지했던 개인실손의료보험을 재개

■ 개인실손의료보험 가입 후 1년 이상 유지 시 보험료 납입과 보장 중지 가능

■ 단체실손의료보험 종료 시 '無심사'로 재개 시점에 판매하는 개인실손의료보험으로 재개

– 보장종목, 보장금액 등의 보장내용은 중지 전 개인실손의료보험과 동일하게 적용

세 번째, 일반 실손을 노후 실손·신(新)실손으로 전환하면 됩니다. 노년기 보험료가 부담되면 보험료가 저렴한 노후 실손으로 전환할 수 있습니다. 2017년 4월 전 실손 가입자는 보험료가 저렴한

'신실손의료보험'으로 전환할 수 있습니다. 다만 기존 상품과 보장 내용 등에 차이가 있으므로 본인의 건강상태, 의료 이용 성향 등을 고려해 전환 여부를 판단해야 합니다.

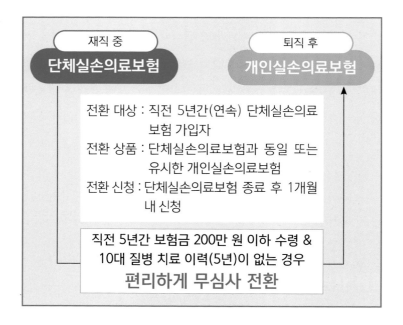

무심사 전환 조건은 다음과 같습니다.

① 직전 5년간 단체실손의료보험 보험금 200만 원 이하 수령

② 10대 질병 치료 이력이 없는 경우(암, 백혈병, 고혈압, 협심증, 심근경색, 심장판막증, 간경화증, 뇌졸중(뇌출혈, 뇌경색), 당뇨병, 에이즈(HIV 보균))

③ 보장종목(상해/질병 입통원 의료비), 보장금액, 자기부담금 등 가입 조건이 전환 전 단체실손의료보험과 동일하거나 보장범위

가 확대되지 않은 경우

* 개인실손의료보험 최소가입금액(1천만 원)까지는 보장범위 확
대로 보지 않음.

무심사 전환 조건에 해당하지 않을 때는 개인실손의료보험(계약
전 알릴 의무 고지/심사진행)으로 가입하면 됩니다. 퇴직후 단체실손보험
이 개인실손보험으로 전환이 안 되는 분들이 많습니다. 나이를 먹
을수록 치료력이 많아지니 해당 전환 조건이 맞지 않는 분들이 많
습니다. 그러니 퇴직 후 전환하려 하지 마시고, 미리 준비하시는
게 바람직합니다.

단체실손의료보험 종료 후 1개월 이내 개인실손의료보험은 별
도의 심사 없이 재개 가능합니다.

마지막으로 단체실손의료보험이 좋은 점은 치과치료 비급여
일부 보장, 한방 비급여/임신 출산 관련 특약이 분리되어 가입 한
도 내에서 보장이 가능하다는 점입니다. 개인 보험은 부담보, 할
증이라는 개념이 존재하지만, 단체 보험은 경미한 질환인 경우 부
담보가 없을 수 있습니다. 다만 매년 갱신, 보장 내용 또한 변경될
수 있습니다.

실손의료보험에서 보장되는 것과 보장되지 않는 것

　　실손의료보험은 가입자가 질병·상해로 입원하거나 통원치료를 받는 경우 실제 부담한 의료비를 보험회사가 보상해 주는 상품입니다. 실손의료보험에서 보상해 주는 금액은 국민건강보험의 급여 항목 중 본인 부담액과 비급여 항목의 합계액에서 자기부담금을 공제한 금액을 말합니다.

> 실손의료보험 보장금액
> = 본인 부담금 B + 비급여 부분 C − 자기부담금(개별적 상이)

　　입원의료비의 보상 한도는 하나의 상해·질병을 기준으로 계산

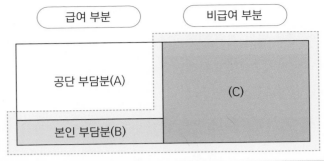

되며, 보험가입금액 한도(현재는 5,000만 원, 2009.10.01 이전은 1억 원) 내
에서 계약자가 정한 금액입니다. 입원의료비는 입원의료비와 상
급 병실료의 차액으로 구성됩니다. 입원의료비는 상해·질병으로
본인이 입원하여 실제 부담한 금액(건강보험 요양급여 중 본인 부담금과 비급
여 금액 합계액)의 80%(선택형은 90%) 해당 금액을 보상하며(공제금액이 연간
200만 원 초과하는 경우에는 초과 금액은 전액 보상), 상급 병실료의 차액은 실제
부담한 병실료와 기준 병실료의 차액 중 50%를 공제한 금액(1일 평
균금액 10만 원 한도)을 보상합니다.

실손의료보험과 관련하여 알아두면 좋은 팁 두 가지를 소개해
드립니다.

첫째, 병원의 직원 복리후생 제도에 의하여 의료비를 감면받은
경우에는 감면 전 의료비를 기준으로 입원의료비를 계산하여 보

상합니다. 2015년 11월 표준약관을 개정하여 2016년 1월 1일 가입자의 경우 병원 직원뿐만 아니라 의료비 감면액이 근로소득에 포함되는 복리후생제도에 해당되는 경우에는 감면한 의료비를 기준으로 보상하게 되었습니다.

둘째, 2016년 1월 1일 이후 가입하는 계약의 경우 입원의료비로 지급받은 보험금이 보상 한도^(예 : 5,000만 원)에 도달할 때까지는 기간에 관계없이 보상받을 수 있습니다. 다만 보상 한도를 모두 지급한 경우에는 90일간의 보상제외기간이 적용됩니다.

실손의료보험의 면책 및 부책에 관련된 구체적인 적용 사례를 공유해 드립니다.

● ● ● ● ● ● ● ● ● ● ● ● ● ● ● ● ● ● ●

Q. A씨는 눈이 따갑고 눈물이 나서 안과병원에 가서 검진한 결과 안검내반이라는 진단을 받고 쌍꺼풀수술을 받았습니다. 그런데 쌍꺼풀수술은 실손의료보험의 보장 대상이 아닌 것으로 알고 수술비에 대해 보험금을 실손 청구하지 않았습니다. 이런 경우 쌍꺼풀수술 비용은 실비에서 보장받을 수 있을까요?

A. 외모 개선을 위한 쌍꺼풀수술이나 앞트임, 뒷트임 등의 성

형수술은 실비 청구가 불가능하지만, 치료를 목적으로 하는 쌍꺼풀수술은 실손의료보험에서 보상이 가능합니다. 유방 확대 내지 축소술 역시 외모 개선 목적이 아닌 치료 목적인 경우에는 실손의료보험을 적용받을 수 있습니다.

Q. B씨는 건강 검진 결과 갑상선에 결절이 발견되어 의사의 이상소견에 따라 추가적인 조직검사를 받았습니다. 그런데 실손의료보험에서 건강 검진 비용은 보장되지 않는 것으로 알고 있어 추가 검진 비용에 대한 실손의료보험을 청구하지 않았습니다. 이런 경우 건강 검진 비용이 실손의료보험에서 보장될까요?

A. 질병 치료와 상관없이 예방적으로 진행되는 일반 건강 검진은 실비 보장 대상이 아닙니다. 다만 건강 검진의 결과 의사가 이상을 발견하여 이루어지는 추가적인 검진에 대한 의료비용은 실비로 보장받을 수 있습니다.

• • • • • • • • • • • • • • • • • • • •

다음은 실손의료보험과 관련된 혼동하기 쉬운 보장항목 5가지입니다.
① 간병비, 예방접종비, 의약 외품 구입비 (×)

② 일반 건강 검진비 (×), 추가 검사비 (○)

③ 쌍꺼풀수술은 외모 개선 목적 (×), 치료 목적 (○)

④ 치과·한방·항문질환 치료는 원칙적으로 급여의료비만 (○)

⑤ 임신·출산·비만·요실금 관련 의료비 (×)

상기 내용은 2017년 5월 기준 실손의료보험 표준약관을 기준으로 작성한 것으로, 과거 가입 시기에 따라 약관상 보장항목이 현행과 다를 수 있습니다.

많은 소비자들이 국민건강보험으로 처리되지 않는 의료비를 실손의료보험에서 보장해 주는 것으로 알고 있기 때문에 자칫 모든 치료비나 의료비가 실손의료보험의 보장대상이 되는 것으로 오인하기 쉽습니다.

따라서 실손의료보험 가입자는 실손의료보험에서 보장받을 수 있는 항목과 보장받을 수 없는 항목을 평소에 잘 기억해 두어야 추후에 잘 활용할 수 있습니다.

혼동하기 쉬운 실손의료보험 보장항목

분류	보장되는 항목(부책)	보장 안 되는 항목 (면책)
재료대	인공장기 등 신체에 이식되어 기능을 대신하는 진료재료	의치, 의수족, 의안, 안경, 콘텍트렌즈, 보청기, 목발, 하악전방유도장치 등
건강 검진	검진 결과 이상소견에 따른 추가 검사, 건강 검진 중 대장용종제거술	단순 건강 검진
유방수술	유방암환자의 유방재건술	외모 개선 목적 유방 확대 및 축소술
쌍꺼풀수술	안검하수, 안검내반 치료를 위한 시력 개선 목적의 쌍꺼풀수술	외모 개선 목적의 쌍꺼풀수술
치과 치료	구강턱질환(K09-K14), 치아질환(K00-K08) 급여	치아질환(K00-K08) 비급여
한방 치료	급여, 한방병원에서의 양방 검사비 MRI 등 비급여 보장	비급여
항문 질환	직장항문질환(I84, K60-62, K64) 급여	직장항문질환(I84, K60-K62, K64) 비급여
비뇨기계질환	요실금 외 대부분 비뇨기계 장해	요실금(N39.3, N39.4, R32)
수면무호흡증	수면무호흡증 G47.3	단순 코골음
모반, 점 등	선천성 비신생물성 모반 Q82.5 (태아보험 가입 시)	모반, 점, 주근깨, 사마귀 등
화상 치료	화상의 소독 등 병원 진료 의료비 및 의사 처방 후 구입한 의약품	의사의 처방없이 구입한 피부재생 크림 등 의약외품
호르몬	진성 성조숙증 치료를 위한 호르몬 투여(급여)	성장촉진 호르몬 투여

실손의료보험에서 보장되는 것과 보장되지 않는 것

교통사고 후 본인이 부담한 의료비를
실손으로 보상받기

자동차보험에서 보상된 의료비 중 본인이 부담한 의료비에 대해서 실손의료보험으로 청구할 수 있는 방법을 알려드리겠습니다.

교통사고 피해자인 A씨의 치료비 총액이 1천만 원이라고 가정해 보겠습니다. A씨의 본인 과실이 80%여서 치료비 약 200만 원은 자동차보험에서 보상받았지만, 보상받지 못한 나머지 800만 원에 대해 실손의료보험에 청구하였으나 보험회사 보상 담당자는 자동차보험으로 처리된 의료비는 면책이라고 안내하였습니다.

본인 과실로 발생한 자동차사고 의료비는 실손 면책이 정말 사실일까요?

실손의료보험에서는 다음과 같은 약관을 두고 있습니다. 2004 년에 가입한 상해의료비에 관한 약관입니다.

> 제1항에도 불구하고 피보험자가 국민건강보험을 적용받지 아니한 경우(자동차사고, 산업재해보상사고 등을 포함합니다)에는 발생한 의료비 총액의 50% 해당 액을 1사고당 보험증권에 기재된 이 특약 보험가입금액을 한도로 수익자에게 지급합니다. 다만 도로교통법 제40조, 제41조에 정한 음주·무면허상태에서 운전하던 중 사고로 상해를 입고 그 직접 결과로써 의사의 치료를 받은 때에는 발생한 의료비 총액의 50% 해당액을 1사고당 100만 원을 한도로 합니다.

상해의료비 특약은 의료비 총액의 50% 해당 액을 보험가입금액 한도로 보상하며, 음주·무면허 상태도 보상이 가능합니다. 상해의료비는 자동차사고로 발생한 의료비도 사고일로부터 180일까지 총의료비의 50%를 과실비율에 상관없이 보장받을 수 있습니다. 자동차 사고 보험처리를 하였더라도 중복으로 보상받을 수 있습니다.

2009년 10월 이전에 가입한 '상해의료비' 특약을 가지고 있다면 놓친 보험금이 있는지 꼭 확인해 보시기 바랍니다. '상해의료비'는 가입금액이 100만 원 / 200만 원 / 300만 원 / 500만 원 / 1천만 원 등으로 상이합니다.

교통사고로 발생한 의료비에 대한 실손의료보험의 보험금을
꼭 받으시기 바랍니다.

다음은 2009년 10월 이전의 실손의료보험 약관, 소위 1세대
실손의료보험인 '상해의료비'에 관한 설명입니다.

2009년 10월 이전 상해의료비 특약은 자동차사고·산재사고
로 발생한 의료비의 50%를 보상합니다. 자동차보험으로 처리되
더라도 상해의료비는 중복으로 보상을 받을 수 있습니다. 다만 국
민건강보험을 적용받지 못한 경우에는 의료비총액의 40% 해당액

③ 회사는 국민건강보험법에 의하여 피보험자가 부담하는 제1
항 제1호, 제2호, 제3호의 비용 전액(국민건강보험법에서 정한 요양급여
중 본인부담분과 비급여 부분을 말합니다)과 제4호의 비용 중 50% 해당
액을 1사고당 보험증권(보험가입증서)에 기재된 금액을 한도로 보
상하여 드립니다. 다만, 피보험자가 국민건강보험을 적용받지
못한 경우(국민건강보험에 정한 요양급여 절차를 거치지 아니한 경우도 포함합
니다)에는 제1항의 발생 상해 입원의료비(A) 총액의 40% 해당액
을 1사고당 보험증권(보험가입증서)에 기재된 금액을 한도로 보상
하여 드립니다.

※ 교통사고 시 자동차보험에서 처리된 의료비는 면책이지만, 상해의료비는
50% 보상하며, 건강보험이 적용되지 않는 경우에는 40% 보장한다는 규정
이 있습니다.

을 1사고당 보험증권에 기재된 금액을 한도로 보상하여 드립니다.

본인 부담 상한제는 실손의료보험에 따라 약관이 다릅니다. 4세대 실손의료보험으로 전환하실 때 잘 알아보시기 바랍니다.

본인 과실로 사고가 난 경우에는 자동차보험에서 병원비를 처리했다 하더라도 추가로 개인 실비보험(실손의료비)으로 본인이 부담한 의료비는 청구할 수 있습니다. 병원 영수증에 나와 있는 환자 본인 부담금의 40%는 보상이 가능합니다.

보험금 청구 시 '상해입원의료비 본인 부담금 40% 청구'를 반드시 기재하시는 것이 좋습니다. 보험사 담당자들이 누락하는 일들이 종종 있기 때문입니다.

환자등록번호	환자 성 명	진 료 기 간				야간·공휴	
착한번호		2015-11-13 ~ 2015-11-14				□ 야간 □ 공휴	
진 료 과 목	질병군(DRG)번호	병 실	환 자 구 분		영 수 증 번 호		
			의료보험				
항 목	요양급여(①+②)	비급여③	급여산정내역				
진 찰 료	14,930		진료비총액④ (①+②+③)			1,050,200	
입 원 료	25,700						
식 비	4,020		환자부담총액⑤ (①+③)			773,210	
투약및조치료	10,514						
주 사 료	5,971	7,000	기한부한금액⑥				
마 취 료		4,120					
처치및수술료			수 납 금 액 ⑦	카드		773,210	
검 사 료	275,274	200,000		현금영수증			
영상진단료	9,361	10,000		현금영수증			
치료재료대				합계		773,210	

환자부담액 40% 보장

이처럼 환자 부담총액의 40%는 실손의료보험으로 청구할 수 있습니다.

한편 실손의료보험과 관련된 것은 아니지만 자동차 사고로 인한 부상시 건강보험의 적용을 받을 수 있는 방법에 대해 알려드립니다.

본인 과실 100%인 사고로 병원 치료 시 의료비가 걱정된 적은 없으신가요? 자동차보험료가 할증될까 봐 치료도 제대로 못받고 계시나요? 많은 분들이 자동차 사고는 건강보험 적용 대상이 아니라고 잘못 알고 계십니다.

매달 건강보험료를 꼬박꼬박 납입해 온 환자 입장에서 불의의 자동차 사고로 부상을 당했는데 건강보험 처리가 안 된다면 얼마나 속상하고 억울할까요? 그래서 병원에서는 '급여제한 여부 조회'라는 제도를 시행하고 있습니다. '급여제한 여부 조회' 제도는 건강보험 가입자가 부상을 입고 병원에서 진료를 받는 경우에 해당 병원이 아닌 공단에 그 환자에 대한 건강보험 적용 여부를 조회하고 조사를 거쳐 건강보험 적용 여부를 결정하는 제도입니다. 그 예로는 교통사고, 음독 사고, 폭행사고, 자해 등을 들 수 있습니다.

자동차사고 가해자라면 다음과 같이 해보세요.
급여제한 여부 조회서 내용을 작성하여 공단에 제출합니다(팩스

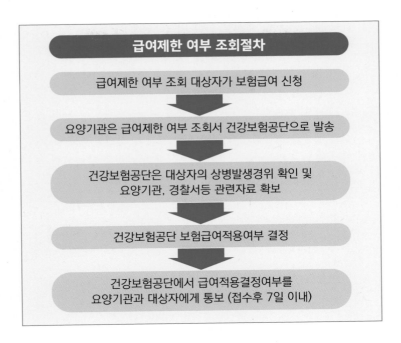

급여제한 여부 조회절차

급여제한 여부 조회 대상자가 보험급여 신청

요양기관은 급여제한 여부 조회서 건강보험공단으로 발송

건강보험공단은 대상자의 상병발생경위 확인 및
요양기관, 경찰서등 관련자료 확보

건강보험공단 보험급여적용여부 결정

건강보험공단에서 급여적용결정여부를
요양기관과 대상자에게 통보 (접수후 7일 이내)

발송 가능). 그러면 건강보험공단은 교통사고 발생 경위 등을 확인하여 보험 급여 적용 여부를 결정해서 통보해줍니다.

《국민건강보험법》제53조(급여의 제한)를 보시면 아시겠지만 자동차 사고로 인한 치료비를 보상하지 아니한다는 규정은 그 어디에도 없습니다.

「국민건강보험법」 제53조(급여의 제한)
① 공단은 보험급여를 받을 수 있는 사람이 다음 각 호의 어느 하나에 해당하면 보험급여를 하지 아니한다.

1. 고의 또는 중대한 과실로 인한 범죄행위에 그 원인이 있거나 고의로 사고를 일으킨 경우
2. 고의 또는 중대한 과실로 공단이나 요양기관의 요양에 관한 지시에 따르지 아니한 경우
3. 고의 또는 중대한 과실로 제55조에 따른 문서와 그 밖의 물건의 제출을 거부하거나 질문 또는 진단을 기피한 경우
4. 업무 또는 공무로 생긴 질병·부상·재해로 다른 법령에 따른 보험급여나 또는 보상(補償)을 받게 되는 경우

애매한 실손의료보험 제대로 보상받기

피보험자의 임신, 출산, 산후기는 실손에서 무조건 면책일까요?

상해사고는 임신, 출산, 산후기도 보상받을 수 있습니다. 상해입원의료비·상해통원의료비에서는 상기 사유를 원인으로 하여 발생한 의료비라 하더라도 '회사가 보장하는 보험금 지급사유로 인한 경우에는 보상한다.'라는 단서 조항이 있습니다.

▶산후기 : 해산으로 인한 상처가 완전히 낫고, 자궁이 평상시 상태가 되며 신체 각 기관이 임신 전의 상태로 회복되기까지의 기간. 대개 산후 6~8주간.

회사가 보장하는 보험금 지급사유는 상해사고를 직접적인 원인으로 그 상해에 대하여 치료를 시행하는 경우를 말합니다. 상해사고로 '피보험자의 임신, 출산(제왕절개 포함), 산후기 관련' 의료비가 발생하면 상해의료비 보험금 지급대상이 됩니다.

임신, 출산, 산후기에는 상해사고를 직접적인 원인으로 그 상해에 대하여 치료를 시행하는 경우에는 실손에서 보상받을 수 있습니다.

질병의료비에서는 한국표준질병사인분류에서 '피보험자의 임신, 출산(제왕절개 포함), 산후기로 입원한 경우(O00~O99)'를 보상하지 않는 사유로 규정하고 있어, 질병 발병원인과 무관하게 해당 질병으로 인한 의료비에 대한 보험금 지급 책임은 발생하지 않습니다. 임신, 출산(제왕절개), 산후기로 입원한 경우 질병은 보상하지 않습니다.

다음은 직장 또는 항문질환과 관련된 실손의료보험 보장 내용입니다.

'직장 또는 항문질환(I84, K60~K62, K64)'은 2009년 10월 이전 약관에서는 보상하지 않는 질병이었으나, 2009년 10월 이후 현재의 실손의료보험 약관에서는 국민건강보험법상 요양급여에 해당하는 부분은 보험금을 지급하고, 요양급여에 해당하지 않는 부분은 보험금 지급대상에서 제외하였습니다.

질병의료비에서 급여항목에 대한 보험금은 지급됩니다. 치핵은 2009년 10월 이전 가입자는 급여·비급여 모두 보상하지 않습니다. 2009년 이후 가입자는 급여는 보상합니다.

치핵 수술은 질병수술비에서 제외되며, 따로 치핵수술비 특약을 준비해야 보상받을 수 있습니다.

치과치료에 관련된 실손의료보험과 관련하여 2009년 이전 상해의료비는 치과치료도 보상받을 수 있습니다. 치과치료는 치과질환, 치주질환 등 치과 영역에 속하는 질환으로 치과전문의 자격을 가진 의사가 하는 치료 행위를 말합니다(구강외과, 보존과, 보철과, 교정과, 안면외과 등 포함).

치과치료비는 2009년 7월 이전 약관에서는 상해의료비는 보상하였고 질병의료비는 보상하지 않았으나, 2009년 10월 이후 약관에서는 상해입통원의료비와 질병입통원의료비 모두 급여부분 본인부담금만 보상하는 것으로 변경되었습니다. 2009년 7월 이전 상해의료비는 가입금액 한도 내에서 상해로 인한 치과치료비 전액(충전, 크라운, 보철치료 등)을 보상받을 수 있습니다.

한방치료 관련된 실손의료보험은 2009년 이전 한방 의료비는 전액 보상이 가능합니다. 한방치료비는 2009년 10월 이전 약관에서는 상해의료비는 전액 보상하였습니다. 2009년 10월 이후 약관에서는 급여 부분은 본인부담금만 보상하고 있습니다.

점⁽ᵐᵒᵇᵃⁿ⁾, 사마귀, 노화 현상으로 인한 탈모 등 피부질환 의료비는 질병의료비에서 '주근깨, 다모, 무모, 백모증, 딸기코⁽ᵖⁱˢᵃᵇⁱ⁾, 점⁽ᵐᵒᵇᵃⁿ⁾, 사마귀, 여드름, 노화 현상으로 인한 탈모 등 피부질환'의 치료로 발생한 의료비는 약관상 면책사유로 규정하고 있습니다. 다만 '선천성 화염상 모반' 치료를 위한 레이저수술은 보험금 지급대상입니다.

화염상 모반은 선천적으로 발생하는 혈관종의 일종으로 성장하면서 점차 뚜렷해지는 경향이 있고, 피부가 울퉁불퉁해질 수 있으며, 가능한 조기에 치료하는 것이 좋습니다. 화염상 모반에 대한 혈관 레이저 치료는 혈관부위를 레이저로 피부에 손상없이 혈관을 태워 제거하거나 모반을 엷게 하는 효과를 가지고 있습니다.

실손의료보험 질문과 답변

질문 1. **1세대 실손의료보험 중 해외에서 발생한 의료비가 보장되는 경우가 있다는데 어떤 경우인지요?**

손해보험사에서 가입한 1세대 실손의료보험의 경우 약관상 국민건강보험 미적용(해외 의료기관 치료 등) 시 발생한 의료비 총액의 40%를 보상 받을 수 있습니다. 따라서 해외 의료기관 치료(여행 중 치료, 해외 근무 중 선택적 해외 치료)를 받는 경우 일정액 보상을 받을 수 있습니다.

생명보험사에서 가입한 1세대 실손의료보험의 경우 '국내의 병원 또는 의원에서 발생한 의료비'만 보장하며 해외에서 발생한 의료비는 보장하지 않습니다. 또한 2009년 10월 이후 약관이 표준화되면서 급여, 비급여 모두 해외 의료기관에서 발생한 의료비를 보상 하지 않습니다.

해외에서 발생한 의료비도 건강보험의 적용을 받지 못하는 경우 이기 때문에 손해보험사에서 가입한 1세대 실손의료보험에서는 의 료비 총액의 40%를 보상받을 수 있습니다. 해외여행이나 해외 근 무가 잦은 분들이라면 1세대 실손의료보험의 장점을 알고 잘 활용 하셨으면 좋겠습니다.

질문 2. 한의원 또는 한방병원에 입원 치료시 실손의료보험으로 보 상을 받을 수 있는지요?

1세대 실손의료보험의 경우 한방병원 또는 한의원 입원 치료시 에는 급여 + 비급여 모두 100% 보상됩니다. 그러나 통원치료시에 는 보상을 하지 않습니다.

상해의료비 특약은 입원 + 통원 구분없이 가입금액 한도 내에서 실제로 부담한 의료비 전액을 100% 보상합니다. 단 어떠한 경우에 도 사고일부터 180일 이내에 소요된 의료 실비를 한도로 합니다. 이 상해의료비 특약은 2009년 7월 이전까지 판매되었습니다.

2009년 10월 이후 약관 표준화 이후 실손의료보험은 입원치료나 통원치료와 관계없이 비급여 한방치료를 보상하지 않지만 급여 한방치료에 한해서는 보상합니다. 단 한방병원이라도 의사소견에 따라 치료 목적으로 양방치료를 한 경우에는 급여 + 비급여 90% 한도로 보상받을 수 있습니다.

Check Point

1세대 실손의료보험은 한의원, 한방병원 입원 치료 시 급여＋비급여 100% 보장받을 수 있습니다. 그러나 한의원, 한방병원 모두 통원 치료 시에는 보상하지 않습니다.

질문 3. **치과 통원 치료시 발생한 의료비를 실손의료보험으로 보상 받을 수 있을까요?**

1세대 실손의료보험의 경우 치과 통원 치료시 급여, 비급여 구분하지 않고 발생한 의료비 전액을 가입금액 한도내에서 보상 받을 수 있습니다.

다만 병원에 따라 보상 여부가 달라집니다. 치과병원, 치과 의원은 보상에서 제외하지만 종합병원 내 또는 상급종합병원 내 진료과가 치과인 경우 급여, 비급여 구분하지 않고 1일 5천 원~ 1만 원만 공제하고 질병 통원 의료비 한도 내에서 최소 10만 원부터 최대 100만 원 한도로 보상받을 수 있습니다. 상품마다 조건이 상이하므로 약관을 반드시 확인해보시가기 바랍니다.

Check Point

1세대 실손의료보험에서는 질병 통원 의료비의 경우 치과 치료도 병원에 따라 보상하지만, 질병 입원 의료비의 경우 치과 질병코드인 K00~K08에 대해 보상하지 않는다고 명시하고 있습니다.

질문 4. 본인부담상한제로 환급받은 병원비도 실손의료보험으로
보상받을 수 있나요?

건강보험 가입자의 과도한 의료비 지출을 막기 위해 2004년 7월부터 시행된 제도가 본인부담상한제입니다. 건강보험 가입자가 1년 동안 낸 의료비 중 본인 부담 총액이 개인별 상한 금액을 넘으면 그 초과액을 건강보험에서 환급해주는데 2022년 기준 81만 원부터 580만 원까지 소득 분위에 따라 상이합니다.

본인부담상한제 환급금 관련하여 보험사와 가입자 간에 분쟁이 끊이지 않고 있습니다. 보험회사는 가입자에 소득을 추정하여 보험금을 덜 지급해야 하는데, 가입자의 소득을 보험회사가 임의로 추정할 근거도 없으며 건강보험공단이나 소비자보호원에서는 반대 입장을 표명하고 있기 때문입니다.

국민건강보험공단이나 소비자보호원에서는 본인부담상한제

는 보험이 아니며 국민 복지혜택이므로 당연히 실손에서 보상해 줘야 한다는 입장입니다. 반면 금융감독원이나 보험회사는 본인 부담상한제로 돌려받는 병원비는 실제 가입자가 부담한 의료비가 아니므로 보상해 줄 수 없는 입장입니다.

2009년 10월 이후 보험회사들이 표준 약관을 개정하면서 '국민건강보험법상 요양급여 중 본인 부담금의 경우 국민건강보험 관령 법령에 의해 국민건강보험공단으로부터 사전 또는 사후 환급이 가능한 금액은 보상하지 않는다'는 조항을 약관에 삽입하였습니다.

이후 대법원에서 본인부담상한제에 따른 보험금 지급은 보험사 약관에 따라야 한다는 판결이 나왔습니다[대법원 부당이득금 판례(2022다215814)]. 이에 따라 2009년 7월 이전에 가입한 1세대 실손에서는 보상을 받을 수 있는 근거가 마련되었습니다.

Check Point

1세대 실손의료보험에서는 본인부담상한제로 환급받은 병원비도 보상받을 수 있습니다. 그 이유는 다음과 같습니다.

첫째, 1세대 실손 약관에는 본인부담상한제로 환급받는 돈을 보상하지 않는다는 규정이 없기 때문입니다.

둘째, 본인부담상한제는 2004년 7월부터 시행한 제도이므로 이러한 규정을 약관에 반영하지 못한 보험회사에 과실이 있다고 볼 수 있습니다.

셋째, 본인부담상한제는 취약계층에 대한 의료비 부담을 복지 개념으로 지원하는 취지이기 때문입니다.

넷째, 약관 해석의 원칙은 작성자 불이익의 원칙을 규정하고 있으므로 본인부담상한제로 환급받은 병원비는 당연하게 실손에서 보상되어야 합니다.

질문 5. 교통사고가 났을 때 가해차량 자동차보험의 대인특약에 의해 지불된 의료비도 실손에서 보상되나요?

상해의료비 특약은 1사고당 가입금액을 한도로 피보험자가 실제로 부담한 의료비를 전액 보장해주는 특약이지만, 2003년 10월 이전과 이후 커다란 차이가 있습니다.

2003년 10월 이전
발생 의료비 중 부담 주체 관계없이 보상

2003년 10월 이후
발생 의료비 중 본인 부담으로 기준 보상

◉ 2003년 10월 이전 상해의료비

2003년 10월 이전까지 판매된 실손의료보험의 상해의료비는 피보험자의 '발생 의료비를 중심으로', '의료비의 부담 주체에 관계없이' 보상하기 때문에 가입자가 부담한 의료비도 100% 보상되고, 의료보험공단에서 부담한 의료비까지도 100% 보상됩니다.

자동차보험 또는 산업재해보상으로 처리가 되어 피보험자가 치료비를 지출한 내역이 없다고 하더라도 '자동차보험 또는 산업재해보험'으로 처리된 의료비까지 지급받을 수 있는 엄청난 특약이었습니다. 또한 이 시기에는 비갱신형 상해의료비 특약도 판매되었습니다.

참고로 상해입원의료비와 상해의료비는 다른 특약입니다. 혼돈하지 마세요.

◉ 2003년 10월 이후 상해의료비

2003년 10월부터는 치료를 직접 목적으로 '발생한 의료비 중 본인부담금을 기준'으로 보상하는 것으로 변경되었습니다.

'국민건강보험을 적용받지 아니한 경우에 발생한 의료비 총액의 50% 해당액을 1사고당 이 특별약관의 보험 가입금액을 한도로 지급합니다'라고 약관에 명시하고 있습니다. 가입 금액은 상품마다 100만 원 / 200만 원 / 300만 원 / 500만 원 / 1천만 원 등 다양합니다.

상해의료비 장점은 매우 많습니다.

① 상해로 인한 한의원^(한약치료도 보상)/치과 치료도 급여 + 비급여도 관계없이 100% 보상. 상해로 인한 치아 파절 시 크라운 치료 및 임플란트까지 100% 보상

② 상해로 발생한 실제 치료비는 가입금액 한도 내 100% 보상하며 자기 부담금이 없습니다.

③ 상해로 인한 입원, 통원 구분 없이 가입금액 한도 내 100% 보상. 단 180일 한도

④ 상대방에게 보상받은 교통사고, 산재사고도 50% 중복으로 보상

질문 6. 영양제 주사를 맞았습니다. 실손의료보험으로 보상을 받을 수 있는지요?

영양제 주사도 실손의료보험에서 보상을 받을 수 있습니다. 영양제·비타민제 투여 관련하여 실손에서 보상하지 않는 항목을 보면, '① 피로·권태·심신허약 등을 치료하기 위한 안정 치료비, ② 상당한 이유가 없는 고단위 영양제 투여 비용은 보상하지 않습니다.'라고 약관에 명시되어 있습니다. 약관을 반대로 해석해 보면 질병의 치료 목적으로 영양제·비타민제 투여는 실손

에서 보상이 가능하다라고 해석할 수가 있습니다. '피로·권태·심신허약이 아닌 질병 치료 목적으로 행한 영양제 주사는 보상한다.'라고 계약자에게 유리하게 해석·판단할 수 있습니다.

⊙ 수액 및 영양제 청구 시 꿀팁

① 영양제·비타민제 투여 치료는 실손에서 보상이 됩니다.
② 의사가 권유하는 치료 목적의 소견서가 있어야 합니다.
③ 식약처에 등록이 되어 있는 영양제는 실손에서 보상이 됩니다.
④ 대표적인 식약처에 등록된 영양제 주사는 태반주사, 마늘주사, 감초주사가 있습니다.

Check Point

2021년 7월 이후 판매되고 있는 4세대 실손의료보험은 식약처에 신고된 효능·효과대로 처방된 경우에만 보상되므로 보상받기 까다로워졌습니다.

질문 6. 장염으로 수액 치료를 받았는데 실손 보상이 될까요? 보험금 청구는 어떻게 하나요?

당연히 실손의료보험으로 보상됩니다. 질병의 치료목적으로 영양제·비타민제·수액 투여는 실손의료보험으로 보상이 가능하니까요.

● 수액 및 영양제 청구 시 필요 서류

① 진료비계산서

② 진료비세부내역서

③ 요양급여비용명세서

서류 발급 비용 아끼는 방법을 소개해 드립니다. 진료비 세부내역서에 의사에게 자필로 치료 목적이라고 기재해 달라고 하고 직인 날인도 받으세요. 소견서나 진단서를 별도로 발급받으려면 서류 발급 비용이 발생합니다.

Check Point

신데렐라 주사, 백옥 주사, 레몬 주사처럼 주로 피부과에서 쓰는 영양제는 식약처에 등록이 되지 않았기에 보상되지 않습니다.

질문 7. 일반인들이 잘 몰라서 보상받지 못하는 실손의료보험의 보장에는 어떤 것들이 있나요?

● 티눈

실손의료보험에서는 티눈은 보상하지만 사마귀(유두종 바이러스 감염에 의해 발생)는 보상하지 않습니다. 다만 2009년 10월 이전 실손의료보험에서는 일상생활에 지장을 주는 사마귀 치료는 보상됩니다.

◐ 아토피

아토피나 피부염으로 진료를 받으면 피부과나 소아과에서 MD 크림 사용을 처방받게 됩니다. 이런 보습제 구입 비용은 실손에서 보상이 될까요? 의사의 처치 없는 단순 MD 보습제 구입은 면책입니다. 하지만 의사의 처치로 사용된 MD 보습제 구입은 내원 1회당 1개 한도로 인정하여 실손의료보험으로 보상 가능합니다.

◐ 여성형유방증

여성형유방증(중등도 이상) 수술과 관련하여 시행한 지방흡입술은 실손에서 보상하는 것으로 표준약관이 명확화되었습니다[2019. 1. 1. 표준약관 개정].

유방암의 유방재건술을 성형 목적으로 보지 않는 것과 마찬가지로 여성형유방증(중등도 이상) 수술과 관련된 지방흡입술도 원상회복을 위한 통합치료 목적으로 볼 수 있으므로 실손의료보험에서 보상됩니다.

외모개선 목적의 명확한 근거가 없고 '치료 목적의 의사 소견이 전제된다면' 실손의료보험에서 보상되는 것은 타당하다고 봐야 합니다.

◉ 쌍꺼풀

눈꺼풀처짐증^(안검하수), 속눈썹눈찌름^(안검내반), 시야 확보가 불편하거나 시력 저하에 영향을 주어 미용이 아닌 치료를 목적으로 하는 쌍꺼풀 수술은 실손의료보험으로 보상받을 수 있습니다.

◉ 치질·치액 → 1세대 실손의료보험으로 보상 불가

1세대 실손의료보험 가입자가 치핵으로 수술 시 급여·비급여 모두 실손의료보험으로 보상이 안 됩니다.

치핵수술비/1종 수술비/질병입원일당은 면책사항이 아니므로 청구하시면 보험금이 지급됩니다.

질병수술비 약관 상 K64 코드가 I84코드와 혼돈된 회사 및 상품도 있으며, 질병 수술비가 소액인 경우 민원 해소 차원에서 보험금이 지급되는 사례가 있기도 합니다.

◉ 치질·치액 → 2세대 실손의료보험으로 급여

포괄수가제 적용을 받는 치핵은 2세대 실손의료보험부터는 보상이 가능합니다. 치핵수술은 포괄수가제 질병군에 속하기 때문에 급여항목 발생비율이 80~90%에 이릅니다. 단 비급여는 보상이 안 됩니다.

◉ 탈모

치료 목적의 탈모 치료는 실손의료보험으로 보상이 가능합니다. 지루성 두피염 등의 질병으로 인한 탈모, 스트레스성 원형 탈모는 보상되지만, 노화현상에 의한 탈모 및 외모 개선 목적의 치료 등 건강보험 비급여대상이 되는 치료는 보상하지 않는다고 약관에 명시하고 있습니다. 이에 따라 모발 이식이나 발모제 등은 보상이 안 됩니다.

Check Point

병적 탈모, 지루성피부염에 의한 탈모, 스트레스성탈모는 건강보험 급여 대상이며, 지루성피부염(L21), 탈모성모낭염 (L66.2), 스트레스성원형탈모(L63), 휴지기성탈모(L65) 등 탈모 치료가 목적이라면 실손에서 보상이 됩니다.

이와 같이 실손의료보험은 의사에 소견에 따라 치료 목적이면 보상이 되는 사례들은 아주 많습니다.

◉ 응급실 사용비

2009년 10월 이전 1세대 실손의료보험에서는 자기부담금 없이 전액 보상됩니다. 표준화 이후 2세대 실손의료보험에서는 10~20% 자기부담금 공제 후 보상됩니다. 그러므로 2016년 1월 이전에 가입한 사람들은 응급·비응급 구분없이 실손의료보험에서 보상됩니다.

○ 2016년 이후 달라진 약관

① 2016년 1월 이전 : 종합병원, 상급종합병원 응급환자, 비
응급환자 관계없이 보상.

② 2016년 1월 이후 : 상급종합병원 응급환자 보상, 상급종합
병원 비응급환자 보상하지 않음.

이처럼 2016년 이후 실손의료보험에서는 비응급환자가 상급
종합병원을 이용 시 실손에서 보상이 안 되는 것으로 약관이 변
경되었습니다.

○ 도수치료/비급여 주사제/비급여 MRI

1세대 실손의료보험에서는 도수치료 · 비급여 주사제 · 비급여
MRI에 대해서 자기부담금이 없습니다. 2017년 4월 이후 판매
된 개정된 실손의료보험에서는 도수치료 · 비급여 주사제 · 비급여
MRI에 대해 특약으로 따로 분리하여 가입해야 하며 자기부담금
은 30%로 높아졌습니다.

도수치료는 증세가 완화되는 경우에만 매 10회 받을 때마다
추가로 연간 50회까지 보상받을 수 있습니다.

영양제, 비타민 투여는 약사법령에 의하여 약제별 허가사항
또는 신고된 사항에 따라 투여된 경우 보상받을 수 있습니다.

◉ 상급병실료

1세대 실손의료보험에서는 1인실·특실 이용 시 2인실 병실료 기준으로 기준 병실과의 차액을 50% 보상합니다. 단 상해의료비 상급병실료는 면책이지만 병원 사정에 의해 어쩔 수 없이 사용할 경우 7일 한도로 보상합니다.

2세대 실손의료보험 이후부터는 실제 사용한 병실과 기준병실과의 병실료 차액에서 50%를 뺀 금액을 1일 평균 10만 원 한도로 보상합니다.

Check Point

● 1세대 실손의료보험은 2인실 병실 이용 시 100% 보상

● 2~3세대 실손의료보험은 2인실 병실 이용 시 90% 보상

● 4세대 실손의료보험은 2인실 병실 이용 시 80% 보상

※ 2019년 7월 1일부터 2~3인실이 건강보험 급여로 처리되면서 병실료 차액은 발생하지 않습니다.

백내장

백내장 치료로 인한 단초점, 다초점 렌즈 삽입술은 실손의료보험에서 보상합니다(2016년 이전에 시술한 시력교정술도 보상).

2016년 1월 이후 실손의료보험에서는 단초점 렌즈만 보상합니다. 최근 백내장 수술에 대하여 입원치료가 아닌 통원치료에

해당한다는 대법원의 판단이 있었습니다.

◎ 하지정맥류

하지정맥류도 치료목적의 비급여 레이저 시술은 보상됩니다. 하지정맥류가 발생한 부위에 하지정맥류로 인한 증상이 있거나, 하지정맥류에 의한 합병증 예방 목적이어야 합니다.

혈류초음파 검사 결과 대복재정맥·소복재정맥·경골정맥·심부대퇴정맥·관통정맥의 역류가 0.5초(대퇴정맥 또는 슬와정맥의 경우 1초) 이상 관찰(즉 하지정맥류는 치료 목적이면 실손의료보험에서 보상)되어야 합니다.

◎ 정신과 치료 및 치매

2016년 이전 실손의료보험은 정신과질환 및 행동장해에 대해 보상하지 않거나 제한적으로 보상했습니다.

2016년 1월 이후 실손의료보험은 치매(F00~F03), 뇌 손상·뇌 기능 이상에 의한 인격 및 행동장해(F04~F09), 조현병·조현정동 장해 및 망상장해(F20~F20), 조울증·우울증을 포함한 기분장해 (F30~F39), 공포증·공황장해·강박장해·적응장해 및 외상후스트레스장해 등을 포함한 신경성, 스트레스성 신체형 장해(F40~F48), ADH·틱장해 등을 포함한 소아 및 청소년기의 행동 및 정서장해 (F90~F98) 급여는 보상됩니다.

언어 장해 등의 소아 정신과 치료 시 F코드를 받으면 급여항목
만 보상되지만, R코드를 받으면 급여·비급여 모두 보상됩니다.

질문 8. **실손의료보험의 면책기간에 대해 자세히 알고 싶습니다.**

면책기간이란 보험금을 수령할 수 없는 기간으로, 구 실손의
료보험과 신 실손의료보험은 면책기간에서 차이가 있습니다.
2009년 이전 구 실손의료보험은 질병입원 시 365일 보장 후
180일의 면책기간을 두고 있습니다. 1년 동안 병원에 입원해 치
료를 받고 보험금을 수령했다면, 면책기간인 6개월간은 입원 시
자비로 부담해야 한다는 의미입니다. 이는 장기입원치료 시 불리
한 사항입니다.

이처럼 면책기간에 걸려서 억울하게 보험금을 못 받는 일이
발생할 수 있습니다. 회사별로 약관이 상이하므로 반드시 약관을
확인해 보셔야 합니다.

◐ 1세대 실손의료보험의 입원의료비 면책기간

질병 입원의료비 보상 한도는 진단확정일로부터 365일 한도
로 합니다. 다만 '동일 질병에 의한 입원이라도 질병 입원의료비
가 지급된 최종 입원의 퇴원일로부터 180일이 경과하여 개시한

입원은 새로운 발병으로 간주하여 보상하여 드립니다.'라고 약관
에 명시되어 있습니다.

동일 질병 또는 하나의 질병으로 입원하는 경우 진단 확정일
로부터 365일간 보장을 하며 180일의 면책기간이 있습니다.

○ 1세대 실손의료보험의 통원의료비 면책기간

질병 통원의료비 보상은 진단확정일로부터 365일이 되는 날
이전의 기간 동안 발생한 통산 통원 일수 30일 한도로 합니다.
다만 '동일 질병에 의한 통원이라도 질병 통원의료비가 지급된
최종일로부터 180일이 경과하여 개시한 통원은 새로운 발병으로
간주하여 보상하여 드립니다.'라고 명시되어 있습니다.

동일 질병 또는 하나의 질병으로 통원하는 경우 발병일부터
365일간 보장하며 통원 횟수는 30회로 제한하며, 최종 통원일로
부터 180일이 경과한 후 복원됩니다.

1세대 실손의료보험(2009년 10월 이전)의 면책기간

상해	상해 통원의료비	30일보장, 사고일로부터 365일 한도
	상해 입원의료비	사고일로부터 365일만 보장
질병	질병 통원의료비	30일 보장, 180일 면책 후 다시 30일 보장
	질병 입원의료비	365일 보장, 180일 면책 후 다시 365일 보장
일반상해의료비		사고일로부터 180일 보장

◯ 2세대 실손의료보험 입·통원의료비 면책기간

하나의 질병으로 인하여 최초 입원일로부터 365일을 넘어 입원할 경우에는 '90일간의 보상 제외기간이 지나야 새로운 질병으로 인한 입원으로 보아 다시 보상하여 드립니다.'라고 명시되어 있습니다.

질병 통원의료비 보상한도는 통원의료비 1년간 180일 한도, 처방조제비 1년간 180건 한도로 보상하고 있습니다.

2세대 1기 실손의료보험(2009.10~2014.03)의 면책기간

상해	상해 통원의료비	통원의료비 1년간 180회 한도 처방조제비 1년간 180건 한도
	상해 입원의료비	
질병	질병 통원의료비	365일 보장, 90일 면책 후 다시 365일 보장
	질병 입원의료비	

◯ 2016년 1월 이전 실손의료보험의 면책기간

최종 퇴원일로부터 180일이 지나면 새로운 질병으로 보고 보장을 다시 받을 수 있도록 면책기간이 더 좋아졌습니다.

상해·질병 입원의료비 모두 최초 입원일로부터 365일 보장, 90일 면책, 다시 365일을 보장합니다. 최종 퇴원일로부터 180일 경과하여 재입원하는 경우도 입원의료비 한도가 복원됩니다.

상해·질병 통원의료비 모두 외래의 경우 매년 계약 해당일로부터 1년간 방문을 180회 한도로 보장하며, 약제의 경우 매년 계약 해당일로부터 1년간 처방전 180건 한도로 보장합니다.

2세대 2기 실손의료보험(2014.04~2015.12)의 면책기간

상해	상해 통원의료비	통원의료비 1년간 180회 한도
	상해 입원의료비	처방조제비 1년간 180건 한도
질병	질병 통원의료비	365일 보장, 90일 면책 후 다시 365일 보장
	질병 입원의료비	퇴원 후 180일이 경과하면 새로운 질병으로 보아 재입원 시 365일 새로이 보장

◉ 2017년 4월 이전 실손의료보험 면책기간

상해·질병 입원의료비는 가입 금액 5천만 원 한도로 보장하고 5천만 원이 소진되면 면책기간 90일이 적용되고, 최초 입원일로부터 275일 이내에 한도를 소진하는 경우 최초 입원일로부터 365일 경과 후 5천만 원 한도가 복원됩니다.

2세대 3기 실손의료보험(2016.01~2017.03)의 면책기간

상해	상해 통원의료비	통원의료비 1년간 180회 한도
	상해 입원의료비	처방조제비 1년간 180건 한도
질병	질병 통원의료비	1회 사고, 질병당 5,000만 원 소진 시까지 면책기간 없음. - 1년 이내 소진 시 365일이 될 때까지 면책기간 없음.
	질병 입원의료비	- 1년 이상 지나서 소진 시 90일 면책 후 5,000만 원 다시 보장

상해·질병 통원의료비는 외래의 경우 매년 계약 해당일로부터 1년간 방문을 180회 한도로 보장하며, 약제의 경우 매년 계약 해당일로부터 1년간 처방전 180건 한도로 보장합니다.

◉ 3세대(2021년 7월 이전) 실손의료보험 면책기간

상해·질병 입원의료비는 가입 금액 5천만 원 한도로 보장하고, 5천만 원이 소진되면 면책기간 90일이 적용되며, 최초 입원일로부터 275일 이내에 한도를 소진하는 경우 최초 입원일로부터 365일 경과 후 5천만 원 한도가 복원됩니다.

3세대 실손의료보험(2017.04~2021.06)의 면책기간

상해	상해 통원의료비	통원의료비 1년간 180회 한도
	상해 입원의료비	처방조제비 1년간 180건 한도
질병	질병 통원의료비	1회 사고, 질병당 5,000만 원 소진 시까지 면책기간 없음.
	질병 입원의료비	- 1년 이내 소진 시 365일이 될 때까지 면책기간 없음. - 1년 이상 지나서 소진 시 90일 면책 후 5,000만 원 다시 보장
비급여 특약	도수치료, 체외충격파치료, 증식치료	가입일(갱신일) 기준 1년에 50회, 350만 원 한도
	주사제	가입일(갱신일) 기준 1년 50회(입원/통원 합산) 250만 원 한도, 입원 시 날짜 관계없이 퇴원까지 1회로 인정
	자기공명영상진단 (MRI/MRA)	가입일(갱신일) 기준 1년에 300만 원 한도

상해·질병 통원의료비는 외래의 경우 매년 계약 해당일로부터 1년간 방문을 180회 한도로 보장되며, 면책기간의 발생 시점이 '보상한도 종료일'로 바뀌었습니다. 약제의 경우 매년 계약 해당일로부터 1년간 처방전 180건 한도로 보장합니다.

2017년 4월 1일 가입자부터는 비급여 3종 특약이 분리되어 도수치료·체외충격파치료·증식치료·비급여 주사료·비급여 MRI 등 보장 한도와 보장 횟수를 별도로 정하고 있습니다.

질문 9. 실손의료보험의 재가입 주기는 어떻게 되나요?

실손의료보험은 5년 또는 15년마다 상품구조·보장내용이 달라지게 됩니다. 재가입은 그에 따라 실손의료보험에 새롭게 가입하는 것을 말하며, 병력이 많다고 해서 재가입이 불가능하지는 않습니다. 예를 들어 2013년 5월에 실손의료보험에 가입했다면, 15년 뒤인 2028년에 재가입할 수 있으며, 보장내용은 크게 달라져 있을 가능성은 높습니다.

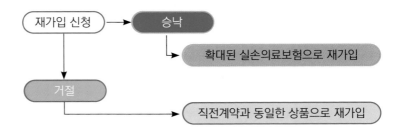

◉ 2013년 4월 이전의 실손의료보험 갱신 및 재가입

1세대 실손의료보험은 매 3년 또는 5년마다 자동갱신되며 재가입 주기가 없습니다. 그렇기에 갱신시점에 보장내용이나 상품구조가 변경되지 않습니다.

2009년 10월 이후 표준화된 실손의료보험도 2013년 3월까지는 재가입 주기가 없으며 3년 마다 갱신되면서 급여 90%, 비급여 90%를 보상받을 수 있으며 자기부담금은 10%만 내면 됩니다. 단점은 연령대가 높은 경우 갱신 폭이 커서 보험료가 부담스러울 수 있습니다.

1세대 및 2세대 실손의료보험 중 2013년 4월 이전의 실손의료보험은 3년 또는 5년 자동갱신으로 만기까지 보상받을 수 있습니다.

◉ 2013년 4월 이후 실손의료보험의 재가입 주기

2013년 4월 이전에 가입한 실속은 재가입 주기가 없지만 2013년 4월 이후에 가입한 사람들은 15년마다 재가입해야 하며, 2021년 7월 이후에 가입한 사람들은 5년마다 재가입을 해야만 합니다.

- 2013년 4월 이후 실손의료보험 : 15년마다 재가입
- 2021년 7월 이후 실손의료보험 : 5년마다 재가입

2013년 4월 이후 가입한 실손의료보험은 갱신과 재가입하는 상품 구조입니다. 재가입 시에는 청약 절차를 따라야 하며 전자서명 등의 자필서명을 하셔야 합니다.

질문 10. 실손의료보험 보상 청구에 필요한 서류에는 어떤 것들이 있나요?

◉ 실손 통원 청구 서류
  – 진료비 세부내역서^(진단명/통원 일자 기재)
  – 환자보관용 약제비 영수증

◉ 실손 입원 청구 서류
  – 입퇴원 확인서
  – 진단서
  – 진료비 세부내역서^(진단명/통원 일자 기재)
  – 환자보관용 약제비 영수증

5

—

보험 혼합설계의 마법

보험 혼합설계가 필요한 이유

이 장에서는 보험 혼합설계에 대해서 이야기해 보려고 합니다. 혼합설계는 말 그대로 보험 상품을 2개 이상 혼합해서 가입하는 방식입니다. 유튜브와 블로그 등 SNS를 찾아보면 혼합설계가 좋다고 말씀하시는 분들도 있고, 그렇지 않다고 말씀하시는 분들도 있습니다.

고보장을 원할 때는 혼합설계가 바람직하다고 볼 수 있습니다. 이런 분명한 목적이 없고 단순하게 보험료만 최소로 세팅하기를 원한다면 혼합설계를 추천하지 않습니다.

보험회사의 상품들은 특약 종류마다 한도가 정해져 있습니다. 예를 들어 A 보험회사의 유사암 진단비가 최대 2천만 원까지라고 가정할 경우, 유사암 진단비 4천만 원을 원한다면 상품을 나눠서 가입해야 합니다. A회사의 유사암 2,000만 원+ B회사의 유사암 2,000만 원과 같은 식으로 두 보험회사의 상품을 혼합해서 설계하는 방식입니다.

24세 남자 유사암으로만 2천만 원 설계

담보	가입금액(원)	보험료(원)	납입기간/보험기간
필수담보	100만 원	730	20년 납 90세 만기
유사암	2,000만 원	7,600	20년 납 90세 만기
합계		8,330	

혼합설계를 할 때 가입자가 원하지 않아도 꼭 세팅해야 되는 기본 의무특약과 최소 보험료 기준이 있으므로 최소한의 금액은 맞춰서 가입해야 됩니다.

혼합설계를 하면 보험료가 많이 비싸진다고 오해하는 보험 가입자나 설계사가 간혹 있습니다. 이것은 보험 가입 시에는 기본 의무특약과 최소 보험료를 맞춰야 하므로 총보험료가 비싸지기 때문인데, 이는 경우에 따라 다릅니다.

우리가 선택할 수 있는 보험회사들도 많고 보험상품도 다양하기 때문에 최적의 조합을 찾아서 설계하면 이런 우려를 불식시킬 수 있습니다. 어린이 보험을 예로 들면 기본 의무특약에는 상해후유장해와 보험료 납입 면제 보장 두 가지만 들어가면 됩니다.

이때 상해 후유장해에 최소 100만 원만 세팅하면 되는데, 이 두 가지를 합쳐도 사실 보험료는 100원이 안 되는 경우도 있습니다.

보통 우리가 알고 있는 보험상품들은 상해사망 1억, 많게는 2억 정도로 세팅해야 되는데, 현장업무를 하시는 직업급수가 높은 분들은 상해사망을 그런 식으로 세팅하면 보험료가 좀 비싸다고 느낄 수 있습니다. 그런데 주계약을 최소화해서 혼합설계가 가능한 상품들도 있다는 것을 말씀드리고 싶습니다.

예를 들어 보험 나이 35세 여성이라면 기본의무 특약이 무척 적게 들어갑니다. 이 경우 기본 특약 자체가 암 진단비로 세팅되어 있습니다. 선택 특약으로 상해 후유장해 80% 이상, 질병 후유장해 80% 이상 이렇게 구성합니다. 선택 특약이지만 이것도 1천만 원, 250만 원 이렇게 세팅했을 때 보험료는 각각 27원, 170원으로 총 200원이 안 되는 금액입니다. 여러 보험회사의 상품을 혼합했다고 해서 보험료가 무조건 비싸지는 건 아닙니다.

기본 의무특약에 상해사망이 크게 들어가면 보험료가 비싸질 수도 있겠지만, 기본 의무특약 자체가 거의 없는 상품들도 있고 상해 사망 자체를 포함시키지 않는 상품들도 있다는 것을 알아두시기 바랍니다.

그리고 최저 보험료가 1~2만 원부터 세팅 가능한 플랜들도 있으니 이 부분도 참고해 주시기 바랍니다.

최저 보험료 1만 원으로 상해후유장해만 3억 원 설계하기(피보험자 29세 여성)

담보가입 현황	가입금액(원)	보험료(원)	납입기간/보험기간
상해 후유장해 (3~100%)	300,000,000	9,900	20년 납 100세 만기
보험료 납입 면제 대상	100,000	252	20년 납 100세 만기

상해 후유장해 5억 원 + 비운전자 부상 3천만 원(피보험자 30세 남성)

담보	가입금액(원)	보험료(원)	납입기간/보험기간
기본계약 (상해사망후유장해)	1천만 원	705	30년 납 90세 만기
보험료 납입 면제 담보	10만 원	62	전기 납 30세 만기
상해 후유장해 담보	4억9천 만 원	14,014	30년 납 90세 만기
자동차 사고 부상 (비운전 중) 담보	3천만 원	2,094	30년 납 90세 만기

상해 후유장해 5억 원 + 비운전자 부상 3천만 원(피보험자 30세 여성)

담보	가입금액(원)	보험료(원)	납입기간/보험기간
기본계약 (상해사망후유장해)	1천만 원	366	30년 납 90세 만기
보험료 납입 면제 담보	10만 원	58	전기 납 30세 만기
상해 후유장해 담보	4억9천 만 원	8,232	30년 납 90세 만기
자동차 사고 부상 (비운전 중) 담보	3천만 원	1,440	30년 납 90세 만기

상해후유장해 5억 원(피보험자 11세 여아)

담보	가입금액(원)	보험료(원)	납입기간/보험기간
상해 후유장해 (3~100%)	500,100,000	10,500	30년 납 90세 만기

※ 30세 까지는 보험료 1만 원선에서 가능합니다.

보험과 특약을 찢어서 설계해야 하는 이유

특약의 특성에 따라 보장기간은 다르게 설계되어야 합니다. 100세까지 필요한 특약도 있지만, 시간이 지나면서 제도가 달라지거나 의학기술이 발전하면서 피보험자의 보험 가입목적이 달라지기 때문에 1~2년마다, 또는 4~5년마다 새로 리모델링을 해줘야 하는 특약도 있습니다.

예를 들어 자동차 부상 치료비, 가족 동승자 자동차 부상 치료비는 100세 만기로 하는 것이 고객에게 절대적으로 유리합니다. 자동차 부상 치료비는 사고 시마다 보장되며, 할증이나 자기부담금이 발생하지 않습니다. 급격한 손해율 증가로 보장한도가 축소되고, 보험료가 비싸지는 특성이 있습니다.

반면 운전자 필수특약인 교통사고 처리 지원금, 변호사 선임 비용, 벌금 등은 1~2년마다 제도가 달라지므로 무조건 바꿔주어야 합니다. 이제 보험을 왜 찢어야 하는지 이해가 되시지요?

피보험자의 연령, 성별, 소득, 건강상태, 직업에 따라 설계는 달라집니다. 자녀가 축구, 자전거, 태권도 등 활동적인 놀이를 좋아한다면 예상되는 위험은 무엇일까요? 상해보험과 질병보험 중 어떤 특약이 더 확률이 높고 아이에게 중요할까요? 친구들끼리 놀다가 사고라도 발생한다면? 성장기 아이라면 질병보다는 교통사고가 더 걱정되지 않을가요? 아니면 40~50년 후 발생할 수도 있는 혈관질환 1~2천만 원이 더 중요할까요? 0~20세 이전 자녀가 허혈성심장질환이나 뇌혈관질환에 걸릴 확률은 어느 정도일까요?

아이에게 필요한 위험 보장과 어른에게 필요한 위험 보장의 내용은 크게 다릅니다. 피보험자의 연령, 성별, 직업, 건강 상태 등 상황에 따라 설계는 다르게 해야 합니다. 상품별 최저보험료는 1만 원, 2만 원입니다. 최저보험료 안에 좋은 특약만 엄선해서 설계하시기 바랍니다.

성장기 아이라면 최저보험료 1만 원으로 가입하는 상해후유장해 5억 원 플랜이 있습니다. 또는 최저보험료 1만 원으로 가입하는 상해수술비 300만 원 플랜도 있습니다. 성장기 아이에게 최

저보험료 1만 원으로 비운전자 자부상 보험금 3천만 원 보장이
가능하며, 14급 부상 시 보험금은 30만 원인데 보험료는 약 1천
원에 불과합니다.

성장기 자녀라면 상해후유장해 5억 또는 10억 + 골절 진단비 +
상해 수술비 + 자동차 사고로 인한 비운전자 부상 등을 합쳐서 가
입해 주시면 됩니다.

혼합설계 실사례 1 - 상해후유장해

　이 책을 읽고 계신 독자들이나 설계사분들은 보험에 가입하거나 보험을 설계할 때 상해후유장해에 대한 대비를 크게 하시기 바랍니다.

　필자의 유튜브 채널 시청자, 또는 필자를 통해 보험에 가입한 소비자분들이라면 이미 후유장해의 중요성에 대해 알고 있고, 가입금액을 최대치로 하여 구성하기를 원할 겁니다.

　여기에서는 실제 필자의 자녀들이 가입한 보험증권들을 예로 들어 혼합설계를 해야만 시너지 효과가 크고, 가입한도를 최대치로 구성할 수 있다는 점을 설명드립니다.

1. 상해후유장해 5억 원 (2014.10.13. 가입)

피보험자 사항

피보험자	정○○			성별 및 생년월일	여, 2007년 12월 29일
주소					
사망보험금수익자	법정상속인			사망외수익자	
직업	초,중,고등학생 (83100), 1급				
				지정대리청구인지정여부	미지정

	담보명	보험시기	보험종기	가입금액 (만원)	보장내용 상세(지급조건)
기본 계약	일반상해후유장해[기본 계약] 20년납 100세만기	2014-10-13	2107-10-13	50,000	일반상해로 장해지급율 80% 이상에 해당하는 장해상태가 되었을 시 보험가입금액지급 장해지급율 80%미만에 해당하는 장해상태가 되었을 시 장해분류표에서 정한 지급률을 보험가입금액에 곱하여 산출한 금액을 보험금으로 지급

2. 상해후유장해 1억 원 (2015.01.20. 가입)

◆ 피보험자(1/1)

피보험자성명	정○○	피보험자번호	071229-4******
계약자와의관계	자녀	직업명	미취학아동
운전차의용도	운전안함	사망보험금수익자	법정상속인
사망외보험금수익자	피보험자본인	만기(중도)금수익자	계약자본인
전자약관신청여부	아니오	이륜자동차부담보특약가입 여부	아니오
통신수단이용해지여부	예	녹취여부	아니오

◆ 보장사항

구분	담 보 명	납입/보험기간	지급금액(원)	지 급 기 준
기본	일반상해후유장해(80%이상)	20년납 100세만기 2015-01-20 ~ 2108-01-20	100,000,000	보험기간 중 상해로 80%이상의 후유장해발생시 보험가입금액을 지급(최초1회)
기본	일반상해후유장해(80%미만)	20년납 100세만기 2015-01-20 ~ 2108-01-20	100,000,000	일반상해로 80%미만의 후유장해발생시 보험가입금액에 지급률을 곱하여 산출한 금액을 지급

3. 상해후유장해 3억 원 (2018.07.17. 가입)

피 보 험 자	정○○(0712**-4******) / 11세 / 여 / (1급) 초,중, 고등학생
수 익 자	

보장명	보장상세	가입금액(만원)	납입/보험기간
암진단비(소액암제외)	암보장개시일 이후에 암(소액암제외)으로 진단확정시(최초1회한, 계약 일로부터 90일이내 15세미만 보험가입금액의 50% / 15세이상 지급금액 없음, 90일초과 1년미만 보험가입금액의 50%, 1년이상 보험가입금액)	5,000	20년/90세 2018-07-17-2097-07-17
소액암진단비	기타피부암, 갑상선암, 제자리암 및 경계성종양으로 진단확정시(각각 최초1회한, 계약일로부터 1년미만 보험가입금액의 50%, 1년이상 보험 가입금액)	2,000	20년/90세 2018-07-17-2097-07-17
일반상해후유장해보험금	1. 상해로 80%이상에 해당하는 장해시(최초1회한, 보험가입금액) 2. 상해로 80%미만에 해당하는 장해시(보험가입금액+지급률)	30,000	20년/90세 2018-07-17-2097-07-17

4. 상해후유장해 5억 원 (2019.03.11. 가입)

▶ **가입정보**

피보험자	정▨▨	(071229-4******)	판매플랜	8종_골드클래스해지환급금미지급플랜(100세)(D형,고급형)
상해급수	1급		직업/직무	초,중,고등학생 / 학생
운행차량	비운전자		이륜차부담보특약	미가입
사망보험금수익자	법정상속인		생존보험금수익자	

▶ **담보정보**

가입담보	보장상세(지급조건)	보험가입금액	보험기간/납입기간
상해후유장해(3~100%) / 보통약관	피보험자가 보험기간 중 상해사고로 후유장해(3%~100%)가 발생한 경우 보험 가입금액에 후유장해지급률을 곱한 금액을 지급	50,000 만원	100세만기 / 30년납기 2019-03-11~2108-03-11

5. 상해후유장해 1억 원 (2019.08.23. 가입)

피보험자	정▨▨	주민등록번호	071229-4******	직업	초,중,고등학생
나이/급수	12세/1급	운전형태	비운전자		
주 소					
사망수익자			생존/입원수익자		

【보장내역】 기본계약

보장명	보장상세	가입금액 (만원)	납입 및 만기
기본계약(일반상해후유장해 (80%이상))	상해사고로 80%이상에 해당하는 장해상태가 되었을 때 최초 1회에 한 하여 가입금액 지급	10,000	30년납 90세만기 2019/08/23 ~ 2097/08/23
기본계약(일반상해후유장해 (80%미만))	상해사고로 80% 미만에 해당하는 장해 상태가 되었을 때에는 가입금액 ×후유장해지급률(3%~79%)지급	10,000	30년납 90세만기 2019/08/23 ~ 2097/08/23

6. 상해후유장해 5억 원 (2019.09.26.가입)

● **피보험자 사항**   전체 피보험자 수 :   1

보 험 기 간	2019-09-26 ~ 2097-09-26		서 열	1
피보험자성명	정▨▨	주 민 번 호	071229-4******	직 업 명	초,중,고등학생
주 소			차 량 번 호	-
사망수익자	법정상속인	기타수익자	
지정대리청구인	-		-

담 보 명	가 입 금 액	납기 및 만기	보 장 내 용
기본계약(상해후유장해)	5억원	30년납90세만기	상해로 장해지급률이 3%이상에 해당하는 장해상태가 된 경우 <가입금액X후유장해지급률 > 지급

7. 상해후유장해 3억 원 (2020.09.11.가입)

피보험자(1/1)

구 분	내 용
성명	정█
피보험자번호	071229-4******

보장내용

구 분	납입/보험기간	가입금액(원)	보험료(원)
[기본]			
상해 후유장해(3~100%)	30년납30년만기	300,000,000	3,600

8. 재해후유장해 1천만 원 (2021.01.18.가입)

계 약 일 자	2021.01.18			보	주피보험자	정█	071229-4******
만 기 일 자	2098.01.18			험	종피보험자		
납 입 주 기	월납	납입방법	자동이체	대	자 녀 1		
연금 지급 개시일				상	자 녀 2		
보 험 형 태	해지환급금 미지급형V2			자	자 녀 3		
					만기·생존시		

구분	가입금액(원)	계약일자(중도부가월)	보험기간(만기월)	납입기간	보험료(원)
주 보 험	10,000,000	2021.01.18	77년(2098.01.18)	20년	480
(무)어린이납입면제특약(주피형)	15,980	2021.01.18	20년(2041.01.18)	20년	70

9. 상해후유장해 3억원씩 × 3개 = 9억 원 (2021.02.04.가입)

피보험자

피보험자	정█(071229-4******)	사망수익자	법정상속인
	13세 | 여 | 1급 | 초,중,고등학생		
계약자와의 관계	자녀	사망외수익자	
수익자지정약정			
피보험자주소			

보장명 및 보장내용	가입금액	납입기간	보험기간
1 일반상해후유장해(3~100%)(기본계약)			90세
보험기간중 상해로 장해분류표에서 정한 3~100% 장해지급률에 해당하는 상태가 되었을 경우 장해분류 표에서 정한 장해지급률을 보험가입금액에 곱한 금액을 지급	3억원	20년	2021-02-04~ 2098-02-04
3 일반상해후유장해(20~100%)(기본계약)			90세
보험기간중 상해로 장해분류표에서 정한 20~100% 장해지급률에 해당하는 상태가 되었을 경우 장해분류 표에서 정한 장해지급률을 보험가입금액에 곱한 금액을 지급	1백만원	20년	2021-02-04~ 2098-02-04

보통 보험사의 가입한도는 당사 한도, 업계 누적한도로 구분
되어 있습니다. 그래서 당사 한도를 초과할 때에는 추가적으로
동일상품으로 가입하는 것이 제한되어 있는데, 해당상품은 최대

10억 원까지 구성할 수 있습니다.

10. 상해후유장해 5억 원 (2022.04.25.가입)

피보험자 사항

피보험자	정	성별 및 생년월일	여, 2007년 12월 29일
주소			
직업	(운동부/체육전공학생 제외)초,중,고등학생 (B3100), 1급	사망수익자	법정상속인
직업상세	학생	사망외수익자	

알림! ※ 청약 시 실제 직업과 상이하거나 청약 후 직업변경 사실에 대하여 당사에 알리지 않았을 경우 보험금이 지급되지 않거나 삭감지급될 수 있습니다.

담보사항 (무) 내Mom같은 우리아이보험2204(해지환급금미지급형) (해지환급금미지급형(납입후50%))(보험료 납입면제형)

	담보명 및 보장내용	가입금액	보험시기 보험종기	납기/만기
기본 계약	**일반상해후유장해(3~100%)[기본계약]** 보험기간 중 상해로 장해지급률이 3~100%에 해당하는 장해상태가 되었을 때 장해분류표에서 정한 지급률을 가입금액에 곱하여 산출한 금액을 보험금으로 지급 ※ 장해지급률은 약관의 장해분류표를 참조	5억원	2022-04-25 2098-04-25	30년납 90세만기

11. 상해후유장해 2억 원 (2022.07.01.가입)

피보험자(1/1)

구 분	내 용
성명	●●●
피보험자번호	071229-4●●●●●●

보장내용

구 분	납입/보험기간	가입금액(원)	보험료(원)
[기본] 상해 후유장해(3~100%)	30년납90세만기	200,000,000	4,200

이렇게 총 11개 보험사에 13개 상품으로 혼합설계하여 상해후유장해 40억 원이 만들어질 수 있었습니다.(주 계약으로 가입한도가 작게 구성된 것은 생략).

혼합설계 실사례 2 - 유사암진단비

지금부터 말씀드릴 주제는 세포이형성증. 즉 일반암^(악성종양)직전 단계입니다.

대장용종^(선종)을 제거한 경험이 있으신가요? 조직검사 결과상 high grade / in situ라면 제자리암입니다. 세포이형성증_(dysplasia)은 조직이나 기관 내 비정상적인 세포의 존재를 의미합니다. 비정상 세포 저도 → 중등도 → 고도, 그 다음 고도이형성증_(세포 모양이 비정상으로 변한 경우)은 통상 암 전 단계로 간주합니다.

다음 그림은 대장선종에서 대장점막내암까지의 진행 단계와 결과를 한눈에 볼 수 있는 도표입니다.

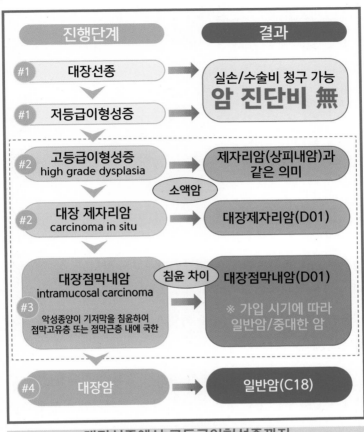

진행단계	결과
#1 대장선종	실손/수술비 청구 가능 **암 진단비 無**
#1 저등급이형성증	
#2 고등급이형성증 high grade dysplasia	제자리암(상피내암)과 같은 의미
소액암	
#2 대장 제자리암 carcinoma in situ	대장제자리암(D01)
침윤 차이	
#3 대장점막내암 intramucosal carcinoma 악성종양이 기저막을 침윤하여 점막고유층 또는 점막근층 내에 국한	대장점막내암(D01) ※ 가입 시기에 따라 일반암/중대한 암
#4 대장암	일반암(C18)

대장선종에서 고등급이형성증까지

이제 이해되시나요? 악성종양이 기저막을 침범하여 점막고유
층 또는 점막근층 내에 국한된 상태에서 대장점막내암은 대장암
전 단계이며, 근육 침범이 없는 상태로 제자리암은 소액암입니다
(침윤 無, 전이 無).

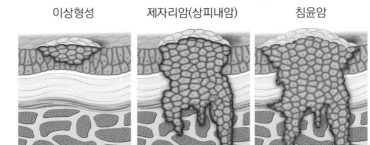

이상형성　　　　　제자리암(상피내암)　　　　침윤암

　　제자리암은 암세포가 상피 내에 국한되어 비정상적인 증식을 일으키는 경우를 말하며, 상피내암이라고도 합니다. 상피조직에서 발생한 암세포의 증식이 아직 기저막을 지나 주변조직으로 침범하지 못하고 상피조직 내에 머물러 있는 상태입니다. 즉 유사암으로 소액암입니다.

　　대장용종도 반드시 조직검사 결과지 검토가 필요합니다. 암세포가 근육층을 뚫고 다른 장기로 침윤, 전이되면 어떻게 되겠습니까?

　　위장벽은 1) 점막층(mucosa), 2) 점막하층(submucosa), 3) 근육층(muscle layer), 4) 장막(serosa)의 4개 층으로 구성됩니다. 이 중 장관내강에 위치한 점막층은 ① 상피세포층(epithelium), ② 고유막(laminar propria), ③ 점막근판(muscularis mucosae)의 3개 층으로 세분화되어 있습니다.

암세포의 침윤 정도에 따라 제자리암으로 볼 수 있습니다. 세포 모양이 비정상으로 변한 경우에 따라 고등급이형성증을 동반한 선종은 제자리암으로 볼 수 있습니다.

암세포가 기저막을 침범하지 못하면 대장제자리암입니다. 기저막을 침범하여 고유판, 점막근육판에 암이 국한되면 대장점막내암입니다.

이제 대장제자리암·대장점막내암에 대해 이해하시겠죠. 모두 소액암(유사암)입니다. 대장제자리암과 대장점막내암은 침윤 정도가 다릅니다. 침윤깊이에 따라 제자리암, 대장점막내암이 다르다는 것을 알 수 있습니다. 당연히 받을 수 있는 보험금도 다릅니다.

약관 제3조 [대장점막내암, 기타 피부암 및 갑상선암의 정의 및 진단 확정]

① 이 특약에서 '대장점막내암'이라 함은 제8차 개정 한국표준질병사인분류 중 대장의 악성 신생물(C18, C20)에 해당하는 질병 중에서 상피세포층(epithelium)에서 발생한 악성종양 세포가 기저막(basement membrane)을 뚫고 내려가서 점막고유층(lamina propria) 또는 점막근층(muscularis mucosa)을 침범하였으나 점막하층(submucosa)까지는 침범하지 않은 상태의 질병을 말하며, 대장은 맹장, 충수, 결장, 직장을 말합니다.

보험증권과 진단서, 조직검사 결과지를 검토한 후에 소액암에 대해 크게 대비할 필요가 있습니다.

보험약관 제자리암 분류표에는 대장점막내암에 대한 분류코드가 없습니다

분류항목	분류번호
1. 구강, 식도 및 위의 제자리암종	D00
2. 기타 및 상세불명의 소화기관의 제자리암종	D01
3. 중이 및 호흡계통의 제자리암종	D02
4. 제자리흑색종	D03
5. 피부의 제자리암종	D04
6. 유방의 제자리암종	D05
7. 자궁경부의 제자리암종	D06
8. 기타 및 상세불명의 생식기관의 제자리암종	D07
9. 기타 및 상세불명 부위의 제자리암종	D09

대장점막내암은 질병코드가 중요한 게 아니라 가입 시기와 침윤 정도가 중요합니다. 보험회사와 계약자의 분쟁 이유는 다음과 같습니다.

통계청에서 고시한 한국표준질병사인분류의 지침에 따라 각 질병마다 하나의 질병코드가 부여되어 있는 것이 일반적입니다. 그런데 대장점막내암에 대한 분류코드는 아무리 찾아봐도 찾을 수가 없습니다. 이 종양에 대한 언급 자체가 없기 때문입니다.

대장점막내암은 C코드와 D코드 중간 경계선상 쯤에 놓을 수 있는 모호한 특징을 갖고 있는 종양입니다. 그래서 주치의에 따라 D코드로 진단을 내리기도 하며, C코드로 보아야 한다고 말하기도 합니다.

① 대장점막내암은 양성종양일까요?

② 대장점막내암은 소액암일까요?

③ 대장점막내암은 일반암일까요?

　대장점막내암은 소액암일 수도 있고 일반암일 수도 있습니다. 가입하신 상품은 시기에 따라 약관이 다르고, 침윤 정도, 가입 시기에 따라서도 보험금이 달라질 수 있습니다.

　대장제자리암과 대장점막내암은 질병코드가 동일합니다. 점막하층까지는 침윤하지 않았으므로 일반암이 아닙니다. 쉽게 말해서, 진단명은 제자리암, 점막내암으로 다르지만 질병분류코드는 같다는 겁니다. 질병분류코드가 같기 때문에 '일반암으로 분류될 수 있는 진단명인 대장점막내암'이 제자리암^(상피내암)으로 둔갑하여 일반암 보험금을 받을 수 없는 일들이 다수 있습니다.

　침윤 여부에 따라 대장점막내암도 일반암일 수 있습니다. 가입하신 보험의 약관을 꼭 확인해 보셔야 합니다. 대장점막내암의 질병코드는 중요하지 않습니다. 진단서에는 C코드이지만 점막하층 침윤이 없다면 병리학적으로 제자리암입니다. 진단서에는 D코드이지만, 점막하층 침윤이 있다면 병리학적으로 일반암입니다. 종양의 침윤 정도에 따라 대장제자리암과 대장점막내암이 각각 다르다는 것을 꼭 알아야 합니다.

　이와 같은 분쟁을 해소시킬 수 있는 방법은 유사암^(소액암)을 일

반암과 비례해서 가입해 놓은 사람이나 틈틈이 혼합설계를 통해
서 보장을 채우신 분이라면 걱정을 내려놓으실 수 있습니다.

1. 갑상선암 3,000만 원/유사암진단비 300만 원 (2009.05.22. 가입)

● 보장내용

(단위:원)

보장급부	보장내용	보장금액
〈주계약〉		
만기축하금	만기생존시 기납입주계약공제료	
	전액 (단. 피공제자의 가입나이가	
	40세이상인 경우 기납입 주계약	
	공제료의 70%만 지급)	
진단급여금	암으로 진단확정시 (주의사항참고)	
	- 고액치료비암	4,000만원
	(계약일부터 1년미만 진단시)	2,000만원
	- 고액치료비암 이외의 암 갑상선암도 일반암입니다	3,000만원
	(계약일부터 1년미만 진단시)	1,500만원
	- 기타피부암,상피내암,경계성종양	300만원
	(계약일부터 1년미만 진단시)	150만원

2. 유사암진단비 300만 원 (2013.06.05.가입)

가입담보	보험기간	납입기간	가입금액(원)	보장상세(지급조건)
암진단비	2013.06.05 ~ 2072.06.05 (90세만기)	20년납	30,000,000	"암", "기타피부암", "갑상선암", "제자리암" 또는 "경계성종양"으로 진단 확정이 된 때 ▷"암"으로 진단 확정된 때 보험가입금액 지급(최초 1회에 한하며 경과기간 1년미만시 보험가입금액의 50% 지급) ▷"갑상선암"으로 진단 확정된 때 보험가입금액의 20% 지급(최초 1회에 한함) ▷"제자리암", "경계성종양", "기타피부암"으로 진단 확정된 때 보험가입금액의 10% 지급(각각 최초 1회에 한함) ※ 상기 암, 갑상선암, 제자리암, 경계성종양, 기타피부암의 정의는 보험약관에 정의한 용어를 따르며, "암"의 보장개시일은 보험계약일부터 90일이 지난 날의 다음날로 합니다.

갑상선암은 600만 원
제자리암/경계성종양/기타피부암은 300만 원

3. 유사암진단비 200만 원 (2014.10.13.가입)

담보명	보험시기	보험종기	가입금액 (만원)	보장내용 상세(지급조건)
암진단비 20년납 80세만기	2014-10-13	2061-10-13	2,000	암보장개시일(보장개시일부터 그날을 포함하여 90일이 지난날의 다음날, 계약일 현재 보험나이15세 미만의 경우 보장개시일) 이후 암으로 진단확정시 최초 1회한 가입금액 지급(1년미만 50%지급) - 보장개시일이후 제자리암, 기타피부암, 경계성종양, 갑상선암, 대장점막내암 진단확정시 각각 최초 1회한 가입금액의 10% 지급(1년미만 5%지급)

제자리암/기타피부암/경계성종양/갑상선암/대장점막내암 각각 200만 원

4. 유사암진단비 300만 원 (2015.09.04.가입)

	담보명	보험시기	보험종기	가입금액 (만원)	보장내용 상세(지급조건)
기본 계약	암진단비 20년납 100세만기	2015-09-04	2081-09-04	2,000	암보장개시일(보장개시일부터 그날을 포함하여 90일이 지난날의 다음날,계약일 현재 보험나이15세 미만의 경우 보장개시일)이후 암으로 진단확정시 최초 1회한 가입금액 지급(1년미만 50%지급) - 보장개시일 ... 경계성종양, 갑상선암 진단확정시 각각 최초 ... 미만 5%지급)
	제자리암/기타피부암/경계성종양/갑상선암 각각 200만 원				
선택 계약	일반상해사망 20년납 100세만기	2015-09-04	2081-09-04	2,500	일반상해로 사망시 가입금액 지급
	일반상해사망추가 20년납 100세만기	2015-09-04	2081-09-04	2,500	일반상해로 사망시 지급
	암진단비(소액암제외) 20년납 100세만기	2015-09-04	2081-09-04	1,000	암보장개시일(보장개시일부터 그날을 포함하여 90일이 지난날의 다음날,계약일 현재 보험나이15세 미만의 경우 보장개시일) 이후 암(소액암 제외)으로 진단시 최초 1회한 가입금액 지급(1년미만 50%지급) - 보장개시일이후 제자리암, 기타피부암, 경계성종양, ... 가입금액의 10% 지급(1년미만 5% 지급) ... 전립선, 방광의 악성신생물
	제자리암/기타피부암/경계성종양/갑상선암 각각 100만 원				
	보험료자동납입특약	2015-09-04	2081-09-04		

5. 유사암진단비 500만 원 (2019.03.02. 가입)

담보별 보상내용   보상내역은 약관 내용을 요약, 발췌한 것으로 자세한 보상내용은 해당약관을 참조하시기 바랍니다.

구 분	보장명	보장 상세	가입금액(원)	납기/만기
기본계약	일반암진단비	보장개시일 이후에 일반암으로 진단확정시 보험가입금액 지급(최초 1회한) 단, 보험계약일로부터 1년 미만 진단시 보험가입금액의 50%지급 ★ 보장개시일 : 보험계약일을 포함하여 90일이 지난날의 다음날 (갑상선암, 기타피부암, 제자리암 및 경계성종양은 보상하지않음.)	50,000,000	20년납80세만기
기본계약	갑상선암·기타피부암·유사암진단비	보장개시일 이후에 갑상선암, 기타피부암, 제자리암 또는 경계성종양으로 진단확정시(각각 최초 1회한) 보험가입금액 지급 단, 보험계약일로부터 1년 미만 진단시 보험가입금액의50%지급	5,000,000	20년납80세만기

제자리암/기타피부암/경계성종양/갑상선암 각각 500만 원

6. 유사암진단비 1,000만 원 (2019.03.11. 가입)

2019년부터 일반암과 유사암이 1:1 비율이 됩니다.

보장명	보장내용요약	가입금액	납입기간	보험기간
일반상해후유장해 (3%~100%)(기본계약)	보험기간중 상해로 장해분류표에서 정한 3~100% 장해지급률에 해당하는 상태가 되었을 경우 장해분류표에서 정한 장해지급률을 보험가입금액에 곱한 금액을 지급	1백만원	30년	90세 2019-03-11~ 2072-03-11
일반상해사망(기본계약)	보험기간중 상해의 직접결과로써 사망시	1백만원	30년	90세 2019-03-11~ 2072-03-11
일반상해80%이상후유장해	보험기간 중에 상해로 장해분류표에서 정한 80%이상 장해지급률에 해당하는 장해상태시	1백만원	30년	90세 2019-03-11~ 2072-03-11
질병80%이상후유장해	보험기간중 진단확정된 질병으로 80%이상 후유장해시	1백만원	30년	90세 2019-03-11~ 2072-03-11
암진단비(유사암제외)	보험기간중 암보장개시일(계약일로부터 그날을 포함 90일이 지난날의 다음날) 이후에 암(유사암 제외)으로 암진단확정시 (최초1회에 한하며, 특정소액암(유방,자궁경부,자궁체부,전립선,방광의 악성신생물(암))의 경우 계약일로부터 1년미만 진단시 가입금액의 50% 지급)	1천만원	30년	80세 2019-03-11~ 2062-03-11
유사암진단비	보험기간중 기타피부암, 갑상선암, 제자리암 또는 경계성종양으로 진단확정시 (각각 최초1회에 한함, 계약일로부터 1년미만 진단시 가입금액의 50%지급)	1천만원	30년	80세 2019-03-11~ 2062-03-11

7. 유사암진단비 1,800만 원 (2019.08.22.가입)

유사암 한도가 확대되어 중복하여 가입할 수 있었습니다.

▶ 담보정보

가입담보	보장상세(지급조건)	보험가입금액	보험기간/납입기간
상해사망·후유장해 (20~100%)(보통약관) / 보통약관	피보험자가 보험기간 중 상해사고로 사망한 경우에는 보험가입금액 지급하고, 상해사고로 후유장해(20%~100%)가 발생한 경우에는 가입금액에 후유장해지급률을 곱한 금액을 지급	100 만원	80세만기 / 30년납기 2019-08-22~2062-08-22
상해·질병80%이상후유 장해	피보험자가 보험기간 중 상해 또는 질병으로 80%이상후유장해가 발생한 경우 보험가입금액 지급(1회한)	100 만원	80세만기 / 30년납기 2019-08-22~2062-08-22
암진단비Ⅱ(유사암 제외)	피보험자가 암보장개시일(계약일로부터 90일이 지난날의 다음날) 이후에 암(유사암제외)으로 진단확정시 가입금액 지급 (최초 1회에 한함, 기타피부암, 갑상선암, 제자리암, 경계성종양은 보장하지 않음)	1,800 만원	80세만기 / 30년납기 2019-08-22~2062-08-22
유사암진단비Ⅱ	피보험자가 보험기간 중 기타피부암, 갑상선암, 제자리암, 경계성종으로 진단확정시 가입금액 지급(각 1회에 한함)	1,800 만원	80세만기 / 30년납기 2019-08-22~2062-08-22
유방암진단비	피보험자가 보험기간 중 보장개시일(계약일로부터 그 날을 포함하여 90일이 지난날의 다음날) 이후에 유방암으로 진단확정시 약관에 따라 보험가입금액 지급(최초 1회한)(1년미만 진단시 보험가입금액의 50% 지급)	2,000 만원	80세만기 / 30년납기 2019-08-22~2062-08-22

8. 유사암진단비 2,000만 원 (2019.08.22.가입)

【보장내역】 선택계약

보장명	보장상세	가입금액 (만원)	납입 및 만기
일반상해사망(연만기형)	상해의 직접결과로써 사망한 경우에는 보험가입금액 지급	5,000	20년납 20년만기 2019/08/22 ~ 2039/08/22
암진단비(유사암제외)	암보장개시일 이후에 암(유사암제외)으로 진단확정시 최초 1회에 한하여 가입금액 지급 (가입 후 1년 미만시 50% 지급) ※ 암보장개시일은 보험계약일부터 그 날을 포함하여 90일이 지난날의 다음날로 합니다. 다만, 부활하는 경우 부활일부터 그 날을 포함하여 90일이 지난 날의 다음날을 암보장개시일로 합니다. (단, 계약일 현재 보험나이 15세미만 피보험자의 경우에는 보장개시일을 보험계약일로 합니다.)	2,000	30년납 80세만기 2019/08/22 ~ 2062/08/22
유사암진단비	기타피부암, 갑상선암, 제자리암, 경계성종양으로 진단확정시 각각 최초 1회에 한하여 가입금액 지급(최초계약 가입 후 1년 미만시 가입금액의 50% 지급)	2,000	30년납 80세만기 2019/08/22 ~ 2062/08/22

9. 유사암진단비 2,000만 원 (2020.11.06.가입)

보험내용	지급금액(원)
◉ 무배당 360 암보험(갱신형) - 암진단 보험금 : 피보험자가 보험기간 중 암보장개시일 이후에 "암" (다만, "유방암 또는 남녀생식기관련암" "기타피부암", "갑상선암" 및 "대장점막내암" 제외) 으로 진단 확정되었을 때 (다만, 최초 1회에 한함) ※ 암보장개시일은 최초 계약일(부활(효력회복)일)부터 그날을 포함하여 90일이 지난날의 다음날로 하며, 갱신계약의 경우 갱신일로 합니다.	20,000,000

◉ 무배당 360 3대특정암진단특약(갱신형)
- 3대 특정암진단 보험금
: 피보험자가 보험기간 중 암보장 개시일 이후에 "유방암, 남녀생식기관련암
  또는 대장점막내암" 으로 진단 확정되었을 때 (다만, 최초 1회에 한함)
- 최초계약의 계약일로부터 1년 이상
- 최초계약의 계약일로부터 1년 미만
※ 암보장 개시일은 최초 계약일(부활(효력회복)일)부터 그날을 포함하여 90일이
  지난날의 다음날로 하며 갱신계약의 경우 갱신일로 합니다.
	
	20,000,000
	10,000,000

◉ 무배당 360 소액암 진단특약(갱신형) - 소액암 진단 보험금 : 피보험자가 보험기간 중 특약의 보장개시일 이후에 "기타피부암", "갑상선암" "제자리암" 또는 "경계성종양"으로 진단 확정되었을 때 - 최초계약의 계약일로부터 1년이상 - 최초계약의 계약일로부터 1년미만	 20,000,000 10,000,000

10. 유사암진단비 2,000만 원 (2020.11.19.가입)

소액질병=유사암, 같은 의미입니다.

급 부 명 칭	지 급 사 유	지 급 금 액(원)
주계약(암진단자금)	보험기간 중 피보험자가 암보장개시일 이후에 '유방암 및 전립선암' 이외의 암(기타피부암, 갑상선암, 대장점막내암 제외)으로 진단이 확정되었을 경우(최초 1회한)	**20,000,000
특정암보험료납입면제 III (갱)(K)	이 특약의 피보험자가 보험기간 중 암보장개시일 이후에 약관에서 정한 '암(기타피부암, 갑상선암, 대장점막내암 제외)' 또는 '초기 이외의 갑상선암'으로 진단이 확정되었을 경우에는 해당계약 및	*
	이 특약의 차회 이후의 보험료 납입을 면제하여 드립니다. 다만, 해당계약이 갱신되는 경우, 해당계약의 보험료 납입은 더 이상 면제되지 않으며, 계약자는 갱신된 해당계약의 보험료를 납입하여야 합니다.	*
New 스페셜암보장(갱)	보험기간 중 피보험자가 암보장개시일 이후에 '유방암, 전립선암 및 초기 이외의 갑상선암'으로 진단이 확정되었을 경우(최초 1회한)	**20,000,000
	※ 단, 경과기간 1년 미만에 지급사유 발생시 1/2 지급	*
소액질병보장 (갱)	보험기간 중 피보험자가 '기타피부암'으로 진단이 확정되었을 경우(최초 1회한)	**20,000,000
	※ 단, 경과기간 1년 미만에 지급사유 발생시 1/2 지급	*
소액질병보장 II (갱)	보험기간 중 피보험자가 '초기갑상선암'으로 진단이 확정되었을 경우(최초 1회한)	**20,000,000
	※ 단, 경과기간 1년 미만에 지급사유 발생시 1/2 지급	*
소액질병보장 II (갱)	보험기간 중 피보험자가 '대장점막내암'으로 진단이 확정되었을 경우(최초 1회한)	**20,000,000
	※ 단, 경과기간 1년 미만에 지급사유 발생시 1/2 지급	*
소액질병보장 II (갱)	보험기간 중 피보험자가 '제자리암'으로 진단이 확정되었을 경우(최초 1회한)	**20,000,000
	※ 단, 경과기간 1년 미만에 지급사유 발생시 1/2 지급	*
소액질병보장 II (갱)	보험기간 중 피보험자가 '경계성종양'으로 진단이 확정되었을 경우(최초 1회한)	**20,000,000
	※ 단, 경과기간 1년 미만에 지급사유 발생시 1/2 지급	*

11. 유사암진단비 2,000만 원 (2021.07.18.가입)

● 계약사항 및 보험가입내용

상품명	가입금액(원)	보험기간	납입기간	계약일자 (최초부가월)	보험료(원)
(20126)주보험 [해지환급금이 적은 유형]	20,000,000	80세	30년	2021.07.18	11,660
(59782)여성특정암절제수술	3,000,000	80세	30년	2021.07.18	978
(60099)8대기관 양성종양 및 폴립수술[기본형]	300,000	80세	30년	2021.07.18	1,119
(60123)납입면제 [기본형](암)	96,370	30년	30년	2021.07.18	663
(60152)갑상선기능항진증치료[기본형]	1,000,000	80세	30년	2021.07.18	256
(60155)갑상선바늘생검조직병리진단[기본형]	200,000	80세	30년	2021.07.18	384
(60065)유사암진단[해지환급금이적은유형]	20,000,000	80세	30년	2021.07.18	6,900

12. 유사암진단비 500만 원 (2022.04.12.가입)

같은 회사이지만 플랜이 다르면 유사암을 더 추가할 수 있습니다.

급 부 명 칭	지 급 사 유	지 급 금 액(원)
주계약(암수술자금)	보험기간 중 피보험자가 보장개시일(암(기타피부암, 갑상선암, 대장점막내암 제외) 또는 갑상선암은 암보장개시일) 이후에 암(기타피부암, 갑상선암, 대장점막내암 제외), 기타피부암, 갑상선암, 대장점막내암, 제자리암 또는 경계성종양으로 진단이 확정되고, 보험기간 중 그 치료를 직접적인 목적으로 '수술분류표'(약관 참조)에서 정한 수술을 받았을 경우	*
	※ 대뇌내시경, 흉강경수술, 복강경수술 및 조혈모세포이식수술은 관혈수술에 준합니다.	
	▶ 관혈수술 (1회당)	*500,000
	▶ 비관혈수술 (1회당)	*100,000
암보장S[일반암](해지미지급)	피보험자가 보험기간 중 암보장개시일 이후에 '암(기타피부암, 대장점막내암, 초기유방암, 초기갑상선암 제외)'으로 진단이 확정되었을 경우(단, 최초 1회한)	***1,000,000
암보장S[소액질병](해지미지급)	보험기간 중 피보험자가 '기타피부암'으로 진단이 확정되었을 경우(최초 1회한)	***5,000,000
	[단, 경과기간 1년 미만에 지급사유 발생시 1/2 지급]	
	보험기간 중 암보장개시일 이후 피보험자가 '갑상선암'으로 진단이 확정되었을 경우(최초 1회한)	***5,000,000
	[단, 경과기간 1년 미만에 지급사유 발생시 1/2 지급]	
	보험기간 중 피보험자가 '대장점막내암'으로 진단이 확정되었을 경우(최초 1회한)	***5,000,000
	[단, 경과기간 1년 미만에 지급사유 발생시 1/2 지급]	
	보험기간 중 피보험자가 '제자리암'으로 진단이 확정되었을 경우(최초 1회한)	***5,000,000
	[단, 경과기간 1년 미만에 지급사유 발생시 1/2 지급]	
	보험기간 중 피보험자가 '경계성종양'으로 진단이 확정되었을 경우(최초 1회한)	***5,000,000
	[단, 경과기간 1년 미만에 지급사유 발생시 1/2 지급]	
	보험기간 중 암보장개시일 이후 피보험자가 '유방암'으로 진단이 확정되었을 경우(최초 1회한)	***5,000,000
	[단, 경과기간 1년 미만에 지급사유 발생시 1/2 지급]	
	보험기간 중 피보험자가 '양성뇌종양'으로 진단이 확정되었을 경우(최초 1회한)	***5,000,000
	[단, 경과기간 1년 미만에 지급사유 발생시 1/2 지급]	

이 사례는 40대 여성의 유사암진단비를 혼합설계한 내용입니다. 총 12개 보험상품에 복층 및 혼합설계를 하면서 총가입한도에 따라 유사암진단비 12,900만 원에 가입되어 있습니다.

각 보험사마다 한도가 있고, 업계 누적한도가 있습니다. 또한 일반암에 대비해서 유사암진단비 한도를 조절하고, 비율을 맞춰서 가입할 수 있습니다. 모든 보험상품의 만기를 동일하게 구성하지 말고 상황·상품·연령에 따라 여러 가지 조건들을 검토해서 피보험자의 여건에 맞춰가면서 설계하는 것이 중요합니다.

혼합설계 실사례 3 - 부위별 암

    필자는 암에 대한 가족력이 매우 높은 편입니다. 그중에서도 간암의 위험도가 매우 높은 유전인자를 갖고 있어서 해당 부위에 관련된 보험들로 최대한의 가입 한도까지 대비하고 있습니다. 이 역시 혼합설계가 아니면 절대 구성할 수 없습니다.

1. 암진단비 3,000만 원 +암수술비 1,500만 원(2007.02.06.가입)

암진단특약	암진단시(1회한, 1년미만50%)	3,000만원
	경계성종양,기타피부암,상피내암	600만원
	진단시(각1회한,1년미만50%)	
암치료특약	암	
	- 최초수술시(1년미만 50%)	1,500만원
	- 2회이후수술시(1년미만 50%)	150만원
	- 4일이상입원시,120일한,1일당	15만원

2. 암진단비 3,000만 원+암수술비 500만 원 (2009.05.22.가입)

진단급여금	암으로 진단확정시 (주의사항참고)	
	- 고액치료비암	4,000만원
	(계약일부터 1년미만 진단시)	2,000만원
	- 고액치료비암 이외의 암	3,000만원
	(계약일부터 1년미만 진단시)	1,500만원
	- 기타피부암,상피내암,경계성종양	300만원
	(계약일부터 1년미만 진단시)	150만원
수술급여금	해당 질병으로 수술시 (1회당)	
	- 최초 암 수술	500만원
	- 2회 이후 암 수술	100만원
	- 암 이외의 질병	30만원

3. 암진단비 4,000만 원+ 3대암(간암 포함) 2,000만 원 + 암 수술비 200만 원 (2012.07.13.가입)

◆ 보장사항

구분	담보명	납입/보험기간	지급금액(원)	지급 기준
기본담보	일반상해 사망	20년납 80세만기 2012-07-13 ~ 2057-07-13	30,000,000	보험기간 중에 상해의 직접결과로써 사망한 경우 보험가입금액 지급
선택담보1	일반상해 후유장해(3~79%)	20년납 80세만기 2012-07-13 ~ 2057-07-13	30,000,000	보험기간 중 상해사고로 80%미만의 후유장해 발생시 보험가입금액에 장해지급율을 곱하여 지급
선택담보1	일반상해 후유장해(80%이상)		30,000,000	보험기간 중 상해사고로 80%이상의 후유장해발생시 보험가입금액을 지급
암담보	일반암 진단비	20년납 80세만기 2012-07-13 ~ 2057-07-13	40,000,000	보장개시일 이후에 일반암 진단확정시 보험가입금액 지급(최초1회, 가입 후 1년 이내 50%지급)(보장개시일 : 계약체결 후 90일 이후)
암담보	기타피부암 진단비		8,000,000	기타피부암 진단시 보험가입금액의 20% 지급(최초1회, 가입 후 1년 미만 50%)
암담보	경계성종양 진단비		8,000,000	경계성종양 진단시 보험가입금액의 20%을 지급(최초1회, 가입 후 1년 미만 50%)
암담보	갑상샘암 진단비		8,000,000	갑상샘암 진단시 보험가입금액의 20%을 지급(최초1회,가입 후 1년 미만 50%)
암담보	제자리암 진단비		8,000,000	상피내암 진단시 확정시 보험가입금액의 20% 지급(최초1회, 가입후 1년미만 50%)
암담보	일반암 수술비		400,000	보장개시일 이후 일반암의 직접적인 치료를 목적으로 수술시 보험가입금액의 20% 지급(가입후 1년미만 50%)(보장개시일 : 계약체결 후 90일 이후)
암담보	제자리암 수술비		400,000	상피내암 진단 후 수술시 보험가입금액의 20% 지급(단,가입 후 1년 미만 50%)
암담보	기타피부암 수술비	20년납 80세만기 2012-07-13 ~ 2057-07-13	400,000	기타피부암 진단 후 수술시 보험가입금액의 20% 지급(단,가입 후 1년 미만 50%)
암담보	경계성종양 수술비		400,000	경계성종양 진단 후 수술시 보험가입금액의 20% 지급(단,가입 후 1년 미만 50%)
암담보	갑상샘암 수술비		400,000	갑상샘암 진단 후 수술시 보험가입금액의 20% 지급(단,가입 후 1년 미만 50%)
암담보	일반암 수술비	20년납 80세만기 2012-07-13 ~ 2057-07-13	1,600,000	보장개시일 이후 일반암의 직접적인 치료를 목적으로 수술시 보험가입금액의 80% 지급(최초 1회, 가입후 1년미만 50% 지급)(보장개시일 : 계약체결 후 90일 이후)
암담보	3대암 진단비	20년납 80세만기 2012-07-13 ~ 2057-07-13	20,000,000	보장개시일 이후에 3대암으로 진단확정시 보험가입금액을 지급(최초 1회, 가입 후 1년 이내 50% 지급)(보장개시일 : 계약체결 후 90일 이후)

4. 암진단비 3,000만 원+ 고액암진단비(간암 포함) 1,000만 원 (2013.03.06.가입)

암진단비	암보장개시일(계약일로부터 90일이 지난날의 다음날, 계약일 현재 보험나이 15세 미만 피보험자의 경우 계약일) 이후에 암으로 진단확정시 (최초1회에 한함, 가입후 1년 미만 진단시 가입액의 50% 지급) 보험기간중 기타피부암, 갑상선암, 제자리암, 경계성종양 으로 진단확정시 (각 최초1회에 한함, 가입액의 20% 지급, 가입 후 1년 미만 진단시 가입금액의 10% 지급)	30,000,000	20년/80세 2013-03-06~2057-03-06
고액치료비암진단비 II	암보장개시일(계약일로부터 90일이 지난날의 다음날, 계약일 현재 보험나이 15세 미만 피보험자의 경우 계약일) 이후에 고액치료비암 II (식도, 췌장(이자), 뼈/관절연골, 뇌/중추신경계의 기타부위, 림프/조혈/관련조직, 간 및 간내담관, 쓸개(담낭), 기타 및 담도의 상세불명 부분, 기관, 기관지 및 폐의 악성신생물)으로 진단확정시 (최초1회에 한함, 가입후 1년 미만 진단시 가입금액의 50% 지급)	10,000,000	20년/80세 2013-03-06~2057-03-06

5. 암진단비 5,000만 원 (2014.04.23.가입)

■ 보상하는 사항

지 급 사 유		지 급 금 액
※ 아래의 내용은 이 계약의 보험금 지급에 대한 계약적인 안내이며, 지급사유 및 지급액이 보험약관과 상이할 경우 보험약관이 우선하므로 보험금 지급에 관한 자세한 사항은 해당 보험약관을 반드시 확인하시기 바랍니다.		

1. 주계약

가. 암진단급여금	보험기간 중 피보험자가 암보장개시일 이후에 암으로 진단확정 되었을 때 (단, 최초 1회에 한함) 고액암 :	[1년이상] [1년미만]	100,000,000 50,000,000
	[고액암, 유방암 및 전립선암] 이외의 암 :	[1년이상] [1년미만]	50,000,000 25,000,000
	유방암 :	[1년이상] [1년미만]	20,000,000 10,000,000
	180일 이내 유방암 진단확정시 :		5,000,000
	전립선암 :	[1년이상] [1년미만]	10,000,000 5,000,000
나. 소액암진단급여금	보험기간 중 피보험자가 보장개시일 이후에 기타피부암, 갑상선암,제자리암, 경계성 종양, 대장점막내암으로 진단확정 되었을 때 (단, 각각 최초 1회에 한함)		
	기타피부암, 갑상선암, 제자리암, 경계성종양, 대장점막내암 :	[1년이상] [1년미만]	5,000,000 2,500,000

6. 암진단비 3,000만 원 (2015.03.25.가입)

	담보명	보험시기	보험중기	가입금액 (만원)	보장내용 상세(지급조건)
기본 계약	암진단비[기본계약] 20년납 100세만기	2015-03-25	2077-03-25	2,000	암보장개시일(보장개시일부터 그날을 포함하여 90일이 지난날의 다음날, 계약일 현재 보험나이15세 미만의 경우 보장개시일) 이후 암으로 진단확정시 최초 1회한 가입금액 지급(1년미만 50%지급) - 보장개시일이후 제자리암, 기타피부암, 경계성종양, 갑상선암, 대장점막내암 진단확정시 각각 최초 1회한 가입금액의 10% 지급(1년미만 5%지급)
선택 계약	암진단비(소액암제외) 20년납 80세만기	2015-03-25	2057-03-25	1,000	암보장개시일(보장개시일부터 그날을 포함하여 90일이 지난날의 다음날, 계약일 현재 보험나이15세 미만의 경우 보장개시일) 이후 암(소액암 제외)으로 진단시 최초 1회한 가입금액 지급(1년미만 50%지급) - 보장개시일이후 제자리암, 기타피부암, 경계성종양, 갑상선암 또는 대장점막내암으로 진단시 최초1회 한 가입금액의 10% 지급(1년미만 5% 지급)
	보험료자동납입특약	2015-03-25	2077-03-25		

7. 암진단비 3,000만 원 (2019.03.11.가입)

⊗ 피보험자(1/1)

구 분	내 용
성명	정성욱
피보험자번호	77▧▧▧-1******
계약자와의 관계	본인
구체적으로 하는일	설계사
사망보험금수익자	법정상속인
사망외보험금수익자	피보험자본인
상해급수2	1급 (상해1급수 1급이란 현 장작업을 하지 않는 순수 사무직군을 말함(주부, 학 생 등 포함))

⊗ 보장내용

구 분	납입/보험기간	가입금액(원)	보험료(원)
[기본]			
상해 사망	20년납90세만기	10,000,000	740
상해 고도후유장해		10,000,000	
[특약]			
상해 중환자실 입원일당(1일이상)	20년납90세만기	100,000	1,530
암 진단비(유사암 제외)	20년납80세만기	30,000,000	39,180
기타피부암 진단비	20년납80세만기	30,000,000	3,900
갑상선암 진단비		30,000,000	
대장점막내암 진단비		30,000,000	
제자리암 진단비		30,000,000	
경계성종양 진단비		30,000,000	

8. 암진단비 4,000만 원 + 10대 고액암(간암 포함) 3,000만 원 (2019.06.10.가입)

가입담보	보험기간	납입기간	가입금액(원)	보장상세(지급조건)
암(특정소액암 및 4대유사암제외)진단비(갱신형)	2019.06.10 ~ 2039.06.10 (20년만기 20년갱신형)	전기납	40,000,000	보장개시일 이후 약관에서 정한 "암(특정소액암및4대유사암제외)"으로 진단확정된 경우 보험가입금액 지급(최초 1회에 한하여, 계약일부터 경과기간 1년미만시 보험가입금액의 50% 지급) ※ 약관상 "암(특정소액암및4대유사암제외)"에 대한 보장개시일은 "피보험자의 보험나이"에 따라 -15세 이상인 경우 : 보장개시일은 계약일부터 그 날을 포함하여 90일이 지난 날의 다음날 -15세 미만인 경우 : 보장개시일은 계약일로 합니다. ※ "암(특정소액암및4대유사암제외)"라 함은 약관의 "악성신생물(암) 분류표"에서 규정한 질병 중 '갑상선, 유방, 자궁경부, 자궁체부, 전립선, 방광, 기타피부'의 악성신생물(암)을 제외한 질병을 말합니다.
10대고액치료비암진단비(갱신형)	2019.06.10 ~ 2039.06.10 (20년만기 20년갱신형)	전기납	30,000,000	보장개시일 이후 약관에서 정한 "10대고액치료비암"으로 진단확정된 경우 보험가입금액 지급(최초 1회에 한하며, 계약일부터 경과기간 1년미만시 보험가입금액의 50% 지급) ※ 약관상 피보험자의 보험나이가 15세 이상인 경우 "10대고액치료비암"에 대한 보장개시일은 보험계약일로부터 90일이 지난날의 다음날로 합니다. ※ "10대고액치료비암"이라 함은 식도, 췌장, 골 및 관절연골, 뇌 및 중추신경계통의 기타 부위, 림프, 조혈 및 관련조직, 간 및 간내 담관, 담낭, 담도의 기타 및 상세불명 부분, 기관, 기관지 및 폐의 악성 신생물을 말합니다.

9. 간질환수술 5,000만 원 + 7대 질병수술 1,000만 원 + 말기 간경화 진단 5,000만 원 (2019.10.15.가입)

	가입담보	보험시작	보험만기	가입금액(원)	보장상세(지급조건)
선택계약	5대질환(심장,뇌혈관,신부전,간,폐질환)수술비(연간1회)[관혈]30년납 80세만기	2019-10-15	2056-10-15	5천만원	5대질환(심장, 뇌혈관, 신부전, 간/폐질환)으로 진단 확정되고 그 치료를 목적으로 수술을 받은 경우 각 질병별 관혈수술시 각각 연간 1회만 아래의 금액을 지급 - 가입후 1년미만 가입금액의 50%지급, 가입 후 1년이상 가입금액 100% 지급 ①심장질환(허혈성 포함) 관혈수술시 : 5천만원 지급(1년미만 수술시 2천5백만원 지급) ②뇌혈관질환 관혈수술시 : 5천만원 지급(1년미만 수술시 2천5백만원 지급) ③신부전, 간/폐질환 관혈수술시 : 5천만원 지급(1년미만 수술시 2천5백만원 지급) ※ 세부 대상질병은 약관의 5대질환분류표 참조
	5대질환(심장,뇌혈관,신부전,간,폐질환)수술비(연간1회)[비관혈]30년납 80세만기	2019-10-15	2056-10-15	2천5백만원	5대질환(심장, 뇌혈관, 신부전, 간/폐질환)으로 진단 확정되고 그 치료를 목적으로 수술을 받은 경우 각 질병별 비관혈수술시 각각 연간 1회만 아래의 금액을 지급 - 가입후 1년미만 가입금액의 50%지급, 가입 후 1년이상 가입금액 100% 지급 ①심장질환(허혈성 포함) 비관혈수술시 : 2천5백만원 지급(1년미만 수술시 1천2백50만원 지급) ②뇌혈관질환 비관혈수술시 : 2천5백만원 지급(1년미만 수술시 1천2백50만원 지급) ③신부전, 간/폐질환 비관혈수술시 : 2천5백만원 지급(1년미만 수술시 1천2백50만원 지급) ※ 세부 대상질병은 약관의 5대질환분류표 참조
	64대질병수술비(7대질병)30년납 80세만기	2019-10-15	2056-10-15	1천만원	64대질병(7대질병)으로 진단확정되고 그 치료를 직접적인 목적으로 수술을 받은 경우 수술 1회당 가입금액 지급 - 가입하고 1년미만 5백만원(가입금액의 50%)지급
	5대장기이식수술비30년납 80세만기	2019-10-15	2056-10-15	2천만원	질병 또는 상해로 인한 장기수혜자로서 병원 또는 의원(한방병원, 한의원포함) 등에서 아래의 5대장기이식수술을 받을경우 최초 1회만 가입금액 지급 - 5대장기 : ① 신장 ② 간장 ③ 심장 ④ 췌장 ⑤ 폐장 ※ 단, 앵겔하스 소도세포 이식수술 제외
	간경변증진단비30년납 80세만기	2019-10-15	2056-10-15	5백만원	간경변증으로 진단확정시 최초 1회만 가입금액 지급
	말기간경화진단비30년납 80세만기	2019-10-15	2056-10-15	5천만원	말기간경화로 진단시 최초 1회만 가입금액 지급
	의료사고법률비용30년납 80세만기	2019-10-15	2056-10-15	2백만원	의료기관에서 회사에 진단에 따른 치료 중 또는 그 치료의 직접결과로 의료사고가 발생하여 소를 제기한 경우 1심에 한하여 가입금액을 한도로 변호사 착수금의 80%를 지급
	보험료자동납입특약	2019-10-15	2056-10-15		

10. 암진단 2,000만원+ 10대고액암 (간암포함) 2,000만원+ 간암 3,000만원 (2020.10.23.가입)

보험내용	지급금액(원)
◎ 무배당 360 암보험(갱신형) - 암진단 보험금 : 피보험자가 보험기간 중 암보장개시일 이후에 "암" (다만, "유방암 또는 남녀생식기관련암" "기타피부암", "갑상선암" 및 "대장점막내암" 제외) 으로 진단 확정되었을 때 (다만, 최초 1회에 한함) ※ 암보장개시일은 최초 계약일(부활(효력회복)일)부터 그날을 포함하여 90일이 지난날의 다음날로 하며, 갱신계약의 경우 갱신일로 합니다.	20,000,000

◎ 무배당 360 3대 특정암 진단특약(갱신형)
 - 3대 특정암진단 보험금
 : 피보험자가 보험기간 중 암보장 개시일 이후에 "유방암, 남녀생식기관련암
    또는 대장점막내암" 으로 진단 확정되었을 때 (다만, 최초 1회에 한함)
 - 최초계약의 계약일로부터 1년 이상
 - 최초계약의 계약일로부터 1년 미만
 ※ 암보장 개시일은 최초 계약일(부활(효력회복)일)부터 그날을 포함하여 90일이
    지난날의 다음날로 하며 갱신계약의 경우 갱신일로 합니다.
	
	20,000,000
	10,000,000

◎ 무배당 360 소액암 진단특약(갱신형) - 소액암 진단 보험금 : 피보험자가 보험기간 중 특약의 보장개시일 이후에 "기타피부암", "갑상선암" "제자리암" 또는 "경계성종양"으로 진단 확정되었을 때 - 최초계약의 계약일로부터 1년이상 - 최초계약의 계약일로부터 1년미만	 20,000,000 10,000,000

◎ 무배당 360 10대 고액암 진단특약(갱신형)
 - 10대 고액 치료비관련 암 진단 보험금
 : 피보험자가 보험기간 중 특약의 보장개시일 이후에 "10대 고액치료비 관련 암" 으로
    진단확정되었을 때 (다만, 최초 1회에 한함)
 - 최초계약의 계약일로부터 1년이상
 - 최초계약의 계약일로부터 1년미만
 ※ 암보장 개시일은 최초 계약일(부활(효력회복)일)부터 그날을 포함하여 90일이
    지난날의 다음날로 하며 갱신계약의 경우 갱신일로 합니다.
	
	20,000,000
	10,000,000

◎ 무배당 360 간암 및 췌장암 진단특약 (갱신형)
 - 간암, 담낭암, 기타담도암 및 췌장암 진단 보험금
 : 피보험자가 보험기간 중 암보장개시일 이후에 "간암, 담낭암, 기타담도암
    및 췌장암"으로 진단 확정되었을 때 (다만, 최초 1회에 한함)
 - 최초계약의 계약일로부터 1년이상
 - 최초계약의 계약일로부터 1년미만
 ※ 암보장 개시일은 최초 계약일(부활(효력회복)일)부터 그날을 포함하여 90일이
    지난날의 다음날로 하며 갱신계약의 경우 갱신일로 합니다.
	
	30,000,000
	15,000,000

11. 암진단비 2,000만 원 + 간암진단비 2,000만 원 (2020.11.06.가입)

급 부 명 칭	지 급 사 유	지 급 금 액(원)
주계약(암진단자금)	보험기간 중 피보험자가 암보장개시일 이후에 '유방암 및 전립선암' 이외의 암(기타피부암,	
	갑상선암, 대장점막내암 제외)으로 진단이 확정되었을 경우(최초 1회한)	**20,000,000
스페셜암보장(경)	보험기간 중 피보험자가 암보장개시일 이후에 '유방암, 전립선암 및 초기 이외의 갑상선암'	
	으로 진단이 확정되었을 경우(최초 1회한) ※ 단, 경과기간 1년 미만에 지급사유 발생시 1/2 지급	**20,000,000
특정암보험료납입면제Ⅲ(경)(K)	이 특약의 피보험자가 보험기간 중 암보장개시일 이후에 약관에서 정한 '암(기타피부암, 갑상선암,	
	대장점막내암 제외)' 또는 '초기 이외의 갑상선암'으로 진단 확정되었을 경우에는 해당계약 및	
	이 특약의 차회 이후의 보험료 납입을 면제하여 드립니다. 다만, 해당계약이 갱신되는 경우,	
	해당계약의 보험료 납입은 더 이상 면제되지 않으며, 계약자는 갱신된 해당계약의 보험료를	
	납입하여야 합니다.	
소액질병보장(경)	보험기간 중 피보험자가 '기타피부암'으로 진단이 확정되었을 경우(최초 1회한)	**20,000,000
	※ 단, 경과기간 1년 미만에 지급사유 발생시 1/2 지급	
	보험기간 중 피보험자가 '초기갑상선암'으로 진단이 확정되었을 경우(최초 1회한)	**20,000,000
	※ 단, 경과기간 1년 미만에 지급사유 발생시 1/2 지급	
	보험기간 중 피보험자가 '대장점막내암'으로 진단이 확정되었을 경우(최초 1회한)	**20,000,000
	※ 단, 경과기간 1년 미만에 지급사유 발생시 1/2 지급	
	보험기간 중 피보험자가 '제자리암'으로 진단이 확정되었을 경우(최초 1회한)	**20,000,000
	※ 단, 경과기간 1년 미만에 지급사유 발생시 1/2 지급	
	보험기간 중 피보험자가 '경계성종양'으로 진단이 확정되었을 경우(최초 1회한)	**20,000,000
	※ 단, 경과기간 1년 미만에 지급사유 발생시 1/2 지급	
간암 및 췌장암보장Ⅱ(경)	보험기간 중 피보험자가 암보장개시일 이후에 '간암, 담낭암, 기타담도암 및 췌장암'으로 진단이	
	확정되었을 경우(최초 1회한) ※ 단, 경과기간 1년 미만에 지급사유 발생시 1/2 지급	**20,000,000

12. 암진단비 2,000만 원 + 간암진단비 2,000만 원 (2021.03.25.가입)

● 계약사항 및 보험가입내용

상품명	가입금액(원)	보험기간	납입기간	계약월자 (연도부가입)	보험료(원)
(20127)주보험 [갱신형]	20,000,000	20년 갱신	20년(최대100세)	2021.03.25	10,300
(60123)납입면제 [기본형] (암)	34,500	20년	20년	2021.03.25	150
(60066)유사암진단 [갱신형]	20,000,000	20년 갱신	20년(최대100세)	2021.03.25	2,840
(60074)위암진단 [갱신형]	20,000,000	20년 갱신	20년(최대100세)	2021.03.25	2,500
(60078)폐암진단 [갱신형]	20,000,000	20년 갱신	20년(최대100세)	2021.03.25	1,300
(60082)간암진단 [갱신형]	20,000,000	20년 갱신	20년(최대100세)	2021.03.25	1,960

13. 특정암(간암 포함) 3,000만 원+ 만성간질환/말기간경화/ 간질환수술 3,000만 원 (2022.01.20.가입)

담 보 명	가 입 금 액	납기 및 만기	보 장 내 용
기본계약(특정암진단)담보	3천만원	30년납80세만기	보장개시일 이후 특정암으로 진단확정된 경우 가입금액 지급(최초 1회한) ※ 특정암: 식도암, 간암, 폐암 등
5대특정호흡계질환진단담보	1백만원	30년납80세만기	'5대특정호흡계질환'으로 진단확정된 경우 가입금액 지급(최초 1회한)(단,최초계약일부터 1년미만 상기금액의 50%) ※ 5대특정호흡계질환: 특정바이러스성폐렴,특정세균성폐렴,특정하부호흡기질환,외부요인에 의한 폐질환,특정 흡악성질환
기흉진단담보	50만원	30년납80세만기	'기흉'으로 진단확정된 경우 가입금액 지급(최초 1회한)
급성간염(A,B,C형)진단담보	1백만원	30년납80세만기	'급성간염(A,B,C형)'으로 진단확정된 경우 가입금액 지급(최초 1회한)(단,최초계약일부터 1년미만 상기금액의 50%)(단, 만성간염은 보장하지 않음)
간경변증진단담보	5백만원	30년납80세만기	'간경변증'으로 진단확정된 경우 가입금액 지급(최초 1회한)(단,최초계약일부터 1년미만 상기금액의 50%)
만성간질환진단담보	3천만원	30년납80세만기	만성간질환으로 진단 확정된 경우 가입금액 지급(최초 1회한)(단, 최초계약일부터 1년미만 상기금액의 50%)
말기간경화진단담보	3천만원	30년납80세만기	말기간경화로 진단 확정된 경우 가입금액 지급(최초 1회한)
간질환수술(관혈)(연간 1회한)담보	3천만원	30년납80세만기	'간질환'의 치료를 직접적인 목적으로 관혈수술을 받은 경우 간질환 수술(관혈)(연간 1회한)보장가입금액 지급(최초 계약일부터 1년미만 각 보장가입금액의 50%)
간질환수술(비관혈)(연간 1회한)담보	1천5백만원	30년납80세만기	'간질환'의 치료를 직접적인 목적으로 비관혈수술을 받은 경우 간질환 수술(비관혈)(연간 1회한)보장가입금액 지급(최초 계약일부터 1년미만 각 보장가입금액의 50%)

14. 간암 2,000만 원 (2022.04.18.가입)

급부명칭	지급사유	지급금액(원)
부위별암보장S[위암및식도암](갱)	보험기간 중 피보험자가 암보장개시일 이후에 '위암 및 식도암'으로 진단이 확정되었을 경우	**·20,000,000
	(최초 1회한)	
부위별암보장S[직·결장암](갱)	보험기간 중 피보험자가 암보장개시일 이후에 '직·결장암'으로 진단이 확정되었을 경우(최초 1회한)	**·20,000,000
부위별암보장S[간암및췌장암](갱)	보험기간 중 피보험자가 암보장개시일 이후에 '간암, 담낭암, 기타담도암 및 췌장암'으로 진단이	**·20,000,000
	확정되었을 경우(최초 1회한)	

15. 암진단비 100만 원 + 9대 특정암(간암 포함) 5,000만 원
(2022.12.09.가입)

선택계약	일반암진단비(갱신형)	보장개시일 이후에 일반암으로 진단확정시 보험가입금액 지급(최초 1회한) 단, 보험계약일로부터 1년 미만 진단시 보험가입금액의 50%지급 ▶보장개시일 : 보험계약일을 포함하여 90일이 지난날의 다음날 (갑상선암, 기타피부암, 제자리암 및 경계성종양은 보상하지 않음.) ★자동갱신특약담보	1,000,000	전기납/20년 갱신
선택계약	갑상선암·기타피부암·유사암진단비(갱신형)	보장개시일 이후에 갑상선암, 기타피부암, 제자리암 또는 경계성종양으로 진단확정시(각각 최초 1회한) 보험가입금액 지급 단, 보험계약일로부터 1년 미만 진단시 보험가입금액의 50% 지급 ★자동갱신특약담보	200,000	전기납/20년 갱신
선택계약	9대특정암진단비(갱신형)	보장개시일 이후에 9대특정암으로 진단확정시 보험가입금액 지급(최초 1회한) ▶보장개시일 : 보험계약일을 포함하여 90일이 지난날의 다음날 ▶9대특정암이라 함은 '9대특정암 분류표'에서 정한 1.간암, 2.담낭암, 3.담도암, 4.췌장암, 5.기관암, 6.기관지 및 폐암, 7.심장암, 8.뇌암, 9.림프종 및 백혈병 관련암 ★자동갱신특약담보	50,000,000	전기납/20년 갱신

16. 암진단비 2,000만 원+ 간암진단 1,000만 원 (2022.12.26.가입)

(납입주기 : 월납)

	구분	피보험자	보험가입금액(만원)	보험기간	납입기간	가입나이	초회보험료(원)
주계약	DIY(무)ABL THE건강통합보험(해지환급금 미지급형)2204	정성욱	100	80세	30년납	46세	920
특약	무)소액암진단특약D(해지환급금 미지급형)	정성욱	400	80세	30년납	46세	768
	무)일반암진단특약D(해지환급금 미지급형)	정성욱	2,000	80세	30년납	46세	18,380
	무)선택주요암진단특약D(해지환급금 미지급형)_2종(간암)	정성욱	1,000	80세	30년납	46세	1,230

이렇게 필자는 총 16개의 보험을 혼합설계하여 유전력이 매우 높고, 노후에 걱정되는 부분을 특화하여 위험대비를 해놓은 상황입니다. 현재 일반암진단비 41,100만 원 / 부위별암진단비

^(간암) 21,000만 원 추가 / 간질환수술비 10,200만 원을 포함해서 72,300만 원의 보장자산이 확보되어 있는 상태입니다.

누군가는 너무 과한 게 아니냐고 생각할 수 있겠지만, 필자의 조부모님, 부친, 삼촌, 고모까지 모두 간암으로 생애를 마감하셨고, 필자 역시 B형 간염 보균자로 꾸준하게 관리해야 할 필요성이 있어서 치료력 없이 건강할 때 미리 준비해 둔 겁니다.

2014년 대한간암학회에서 발표된 자료에 따르면 간암환자의 72%가 B형간염바이러스^(HBV, hepatitis B virus), 12%가 C형 간염바이러스^(HCV, hepatitis C virus)의 영향을 받았으며, 9%가 알코올, 4%가 기타 원인과 연관이 있었습니다. B형 간염바이러스 만성 보유자는 대부분이 그 바이러스를 지닌 어머니에게서 출생 시에 감염되며, 그들의 반수 이상이 만성간염이나 흔히 간경화라고 부르는 간경변증으로 진행합니다. 해마다 간경변증환자의 1~5%에서 간암이 발생합니다. 간암은 간경변증이 심할수록, 연령이 높을수록 잘 발생하며, 남자에게 더 흔하다고 알려져 있으니 평소에 위험요인들을 피하면서 간암 예방에 유의하는 것이 중요합니다.

저렴하게 가입할 수 있는 유병자형 사례

1) 고지혈증약/B형간염/전립선비대증으로 약복용 중

보험계약내역서

무배당 건강보험 NEW 새시대 건강파트너(1903.23) 2종(무해지환급형)

구분	내용		
계약자	(89년생 남성기준)	계약번호	
보험기간	2019.03.12 ~ 2079.03.12 (60년)	청약일 2019.03.12	계약형태 개인형
1회 보험료	36,538원(월납)[기본:720원 + 특약:35,818원]		

> 피보험자(1/1)　　　　　　　　　　　　　> 보장내용

구 분	내 용
성명	
피보험자번호	
계약자와의 관계	
구체적으로 하는일	
사망보험금수익자	법정상속인
사망외보험금수익자	피보험자본인
상해급수2	1급 (상해급수 1급이란 현장작업을 하지 않는 순수 사무직군을 말함(주부, 학생 등 포함))
운전차의용도	자가용운전자
이륜자동차부담보특약가입여부	선택 안함
상품판매형	자유설계

구 분	납입/보험기간	가입금액(원)	보험료(원)
[기본]			
상해 사망	20년납90세만기	10,000,000	720
상해 고도후유장해		10,000,000	
상해 종환자실 입원일당(1일이상)	20년납90세만기	100,000	1,620
[특약]			
암 진단비(유사암 제외)	20년납80세만기	30,000,000	29,010
기타피부암 진단비	20년납80세만기	30,000,000	3,600
갑상선암 진단비		30,000,000	
대장점막내암 진단비		30,000,000	
제자리암 진단비		30,000,000	
경계성종양 진단비		30,000,000	
응급실내원 진료비(응급)	20년납90세만기	30,000	1,308
응급실내원 진료비(비응급)	20년납90세만기	20,000	280

∥ 알릴사항

1. 귀하의 직장명은 무엇입니까?	공무원	∧
2. 현재 운전을 하고 있습니까?	예	∧
3. [최근 5년이내] 아래 10대 질병으로 의사로부터 진찰 또는 검사를 통하여 다음과 같은 의료행위를 받은 사실이 있습니까? 단, 직 장 또는 항문관련 질환은 실손의료비 가입시에만 해당됩니다. [10대 질병] 암, 백혈병, 고혈압, 협심증, 심근경색, 심장판막증, 간 경화증, 뇌출중증, 당뇨병, 에이즈 및 HIV보균, 직장 또는 항문관련질환[의료행위] 1) 질병확정진단 2) 치료 3) 입원 4) 수술 5) 투 약	아니오	∧

　　5년 이내 10대 질병으로 인한 고지사항만 아니라면, 건강체 기준으로 가입을 할 수 있는 플랜이었습니다. 위의 병력으로 약 을 복용 중일 경우에는 일반적으로 해당 부위는 부담보 조건 또 는 할증이 되는 구성으로 심사 결과가 나오게 되지만, 해당 플랜 가입자는 부담보로 할증 없이 건강체 조건으로 가입되었습니다.

2) 혈압/당뇨/고지혈증 약 복용 중

무배당　　**건강보험 유병장수플러스(1907.4)3종(유병자,실속형)(자동갱신형)**

계약자		계약번호			
보험기간	2019.08.26 ~ 2039.08.26 (20년)	청약일	2019.08.26	계약형태	개인형
1회 보험료	9,700원(월납)[기본:280원 + 특약:9,340원 + 적립:80원]				

⟫ 피보험자(1/1)

구 분	내 용
성명	
피보험자번호	641008-2••••••
계약자와의 관계	
구체적으로 하는일	
사망보험금수익자	
사망외보험금수익자	
상해등급3코드	
운전자유형코드	
이륜차부담보특약 가입여부	
만기(중도)급 수익자	
상품판매명	

⟫ 보장내용

구 분	납입/보험기간	가입금액(원)	보험료(원)
[기본]			
[유병자형]상해 사망	20년납20년만기	10,000,000	280
[특약]			
[유병자형]허혈성심장질환 진단비	20년납20년만기	20,000,000	7,460
[유병자형]상해 중환자실 입원일당(1일이 상)	20년납20년만기	100,000	1,880

▌ 알릴사항

1. 귀하의 직장명은 무엇입니까?	간병인 ∧
2. 현재 운전을 하고 있습니까?	아니오 ∧
3. [최근 5년 이내] 아래 질병으로 의사로부터 다음과 같은 의료행위를 받은 사실이 있습니까? 1) 진단 2) 입원 3) 수술 *투석중인 만성신장질환의 진단은 만성신장질환으로 인해 최초로 투석을 받는 것을 말합니다.	아니오 ∨

암	-	협심증	-
심근경색	-	간경화증	-
뇌졸중증(뇌출혈,뇌...	-	투석중인 만성신장...	-

성인만성질환으로 10년 이상 약을 복용 중이었음에도 허혈성 심장질환 진단비 2,000만 원 가입이 가능했던 플랜입니다. 더군다나 최저금액이 없어서 단돈 9,700원으로 가입되었다는 점에 주목하셔야 됩니다.

3) 자궁내막증 / 유방섬유선종 / 갑상선결절 보유 중

가입담보내역서

무배당 마음든든암보험(연만기 갱신형)1904(연만기형(100세갱신))

※ 가입내용을 요약 정리된 부분으로 자세한 사항은 약관 및 교부된 보험증권을 활용하시기 바랍니다.
※ 출력한 시점의 가입내용이므로 계약변경 시 내용이 상이할 수 있습니다.
※ 보험시기가 미래에 개시되는 담보의 보험료는 포함되지 않습니다.

증권번호		계약자명		계약상태	정상
보장보험료	30,480	할인보험료	0	이체방법	자동이체
합계보험료	30,500	적립보험료	20	출력일시	2022.12.20 오후 06시50분

○ 피보험자 (641008)

담보명	납입기간 / 보험기간	가입금액(원)	보험료(원)	담보상태	보험시기	보험종기	갱신종료
보통약관(암(4대유사암제외)진단비(갱신형))	전기납 / 20년만기	40,000,000	25,080	정상	20190429	20390429	Y
보통약관(4대유사암진단비(갱신형))	전기납 / 20년만기	20,000,000	5,400	정상	20190429	20390429	Y

| 증권번호 | | 🔍 | 무배당 마음든든암보험(연만기갱신) | | 🔍 조회 ◆ |
| 피보험자 | 641008-2******* | 🔍 | | | |

● 알 릴 사 항 목 록

	증권번호	변경순번	구분	피보험자		상태	등록일자
1			계약	* * *	641008-2******	정상	

● 알 릴 사 항

	질문항목	질문답변	답변세부사항
1	최근3개월내검진여부	아니오	
2	최근5년이내중요질병여부	아니오	
3	직업확인여부	예	
4	운전여부	안함	

　　자궁/유방/갑상선까지 양성종양을 보유하고 있었으나, 고지 사항에 해당되는 게 없어 부담보, 할증 없이 건강체로 인수가 가능했던 플랜입니다.

월 5만 원으로 수술비 최대 2,500만 원 받는 혼합설계

　20세 남자 가입자가 아래 내용과 같이 혼합설계 1+2+3을 합치면 상해수술비 2.5천만 원 플랜이 됩니다. 약 5만 원도 안 되는 보험료이지만 럭셔리 상해보험이 만들어졌습니다. 상해수술비 최대 2,500만 원 구성이 가능한 실사례입니다.

　먼저 월 2만 원 보험료로 상해수술비 최대 2,000만 원까지 보장받을 수 있는 혼합설계 1번 내용입니다.

주민/사업자번호		주소					
가입유형	상해고보장플랜	납입 및 보험기간	30년납 30년만기 갱신종료나이 100세		납입주기	월납	
납입보험료	20,000원	보장보험료	19,293원	적립보험료			707원
총납입보험료	7,200,000원	예상만기환급금	279,033원	실납입보험료			20,000원

피보험자	20대남(남자,20세)	상령일		주민등록번호	0205103	직업	회사 사무직 종사자	급수	1급
주소							운전형태		

■ 보장내역(기본계약)

보장명	가입금액(만원)	보장보험료(원)	납입기간 및 만기
기본계약(갱신형 일반상해사망)	5,000	2,000	30년납 30년만기 갱신종료 : 100세

■ 보장내역(선택계약)

보장명	가입금액(만원)	보장보험료(원)	납입기간 및 만기
갱신형 보험료납입면제대상 II	10	39	30년납 30년만기 갱신종료 : 100세
갱신형 일반상해후유장해(80%이상)	5,000	275	30년납 30년만기 갱신종료 : 100세
갱신형 일반상해수술비(1~5종)	1,500	2,205	30년납 30년만기 갱신종료 : 100세
갱신형 일반상해수술비	500	10,650	30년납 30년만기 갱신종료 : 100세
갱신형 일반상해중환자실입원일당(1일이상180일한도)	15	1,335	30년납 30년만기 갱신종료 : 100세
갱신형 일반상해상급종합병원입원일당(1일이상180일한도)	10	410	30년납 30년만기 갱신종료 : 100세
갱신형 골절(치아파절제외)진단비	50	1,205	30년납 30년만기 갱신종료 : 100세
갱신형 5대골절진단비	100	380	30년납 30년만기 갱신종료 : 100세
갱신형 골절수술비	50	425	30년납 30년만기 갱신종료 : 100세
갱신형 깁스치료비	30	369	30년납 30년만기 갱신종료 : 100세

상기 내용과 동일한 20세 남자 가입자가 월 1만 원 보험료로 상해수술비 200만 원을 보장받는 혼합설계 2번 내용입니다.

▶ 20세남님 보장내용

가입담보	가입금액	보험료(원)	납기/만기(갱신종료시기)
적립보험료		3	
자동차부상치료비(1-7급)	1백만원	569	30년/90세
교통상해50%이상후유장해(최초1회한)	1백만원	11	30년/90세
골절진단비(치아포함)	20만원	1,720	30년/90세
골절부목치료비	10만원	52	30년/90세
화상진단비	50만원	335	30년/90세
상해수술비(동일사고당1회지급)	2백만원	7,680	30년/90세
보장보험료 합계		10,367	

상기와 동일한 20세 남자 가입자가 월 15,000원 보험료로 상해수술비 300만 원을 보장받을 수 있는 혼합설계 실제 내용 3번

계약자		계약자 연락처	
피보험자	(남, 2002.10.11) 20세	주피보험자와의관계	본인
피보험자 직업	경영지원 사무직 관리자(현장작업 미참여)(1급)	운전자상태 및 용도	운전자(자가용)

담보사항

구분	가입담보 및 보장내역	가입금액	보험료(원)	납기/만기
기본	**일반상해80%이상후유장해**	**1천만원**	43	30년 / 90세
	상해사고로 80% 이상 장해지급률에 해당하는 장해상태가 되었을 경우 보험가입금액 지급(최초 1회한)			
선택	**질병80%이상후유장해**	**1백만원**	25	30년 / 90세
	보험기간 중 진단확정된 질병으로 80% 이상 장해지급률에 해당하는 장해상태가 되었을 경우 보험가입금액 지급(최초 1회한)			
선택	**일반상해사망**	**1천만원**	400	30년 / 90세
	상해의 직접결과로써 사망한 경우 보험가입금액 지급			
선택	**일반상해중환자실입원일당(1일이상180일한도)**	**10만원**	1,150	30년 / 90세
	상해의 직접결과로써 약관에서 정한 중환자실에 입원 치료시 1일당 보험가입금액 지급(1일이상 180일 한도)			
선택	**상해수술비**	**3백만원**	8,040	30년 / 90세
	상해의 직접결과로써 수술을 받은 경우 매 사고시 보험가입금액 지급(단, 같은 상해로 두종류 이상의 수술을 받거나 같은 종류의 수술을 2회 이상 받은 경우, 1회에 한하여 지급)			
선택	**골절진단비(치아파절포함)**	**30만원**	1,701	30년 / 90세
	상해의 직접결과로써 약관상 '골절분류표'에서 정하는 골절로 진단확정시 1사고당 보험가입금액 지급(단, 동일한 상해를 직접적인 원인으로 2가지 이상의 골절 발생시, 1회에 한하여 지급)			
선택	**화상진단비**	**20만원**	108	30년 / 90세
	상해의 직접결과로써 약관상 '화상 분류표'에서 정하는 화상에 해당되고, 심재성 2도 이상의 화상으로 진단확정된 경우 매 상해시마다 보험가입금액 지급(단, 동일한 상해를 직접적인 원인으로 2가지 이상의 화상 상태가 발생한 경우, 1회에 한하여 지급)			
선택	**뇌출혈진단비**	**1천만원**	880	30년 / 90세
	뇌출혈로 진단확정된 경우 보험가입금액 지급(최초 1회한, 1년 미만 50%)			
선택	**질병중환자실입원일당(1일이상180일한도)**	**20만원**	340	30년 / 90세
	보험기간 중에 진단확정된 질병의 치료를 직접적인 목적으로 중환자실에 입원시 1일당 보험가입금액 지급(1일이상 180일 한도)			
선택	**질병수술비**	**30만원**	2,301	30년 / 90세
	보험기간 중에 진단확정된 질병의 치료를 직접적인 목적으로 수술을 받은 경우 보험가입금액 지급			
선택	**특정8대기관양성종양및폴립수술비(급여, 연간1회한)**	**10만원**	320	30년 / 90세
	보험기간 중에 진단확정된 8대기관의 양성신생물(폴립 포함)의 치료를 직접적인 목적으로 수술(급여)을 받은 경우 보험가입금액 지급(연간 1회한) * 8대기관 : 간, 담관 및 췌장/기관지 및 폐/갑상선/남성생식기관/여성생식기관/위·십이지장/대장			

입니다.

　혼합설계 내용 1+2+3번을 결합하여 약 5만 원도 안 되는 보험료로 상해수술비 최대 2,500만 원을 보상받게 됩니다.

저는 가정환경이 어려워 고등학교 1학년이었던 16세부터 사회
생활을 했습니다. 대학에 갈 형편도 되지 않았기 때문에 스스로
벌어서 학교를 다녀야만 했습니다. 독서실 청소하면서 숙식을 해
결했고, 비디오방 알바, 군고구마 장사, 남대문시장에서의 의류
등 판매 등 다양한 경험을 하면서 다양한 사람들을 만나고 감정
노동 및 서비스 일을 어릴 적부터 제가 좋아서가 아니라 살기 위
해서 해왔습니다.

성인이 된 후에는 가락동 농수산물시장에서 리어카를 끌면서
일당으로 생계를 유지하였고, 목돈을 벌고 싶어서 갈치잡이 배를
탄 적도 있으며, 낮에는 통신회사 영업사원, 퇴근 후에는 강남 텐
프로 업소 대리기사 등을 하면서 살았습니다. 그렇게 저의 20대
는 악착같이 치열하게 살았던 시절로 기억됩니다.

이처럼 힘들게 일을 했지만 부모님께서 편찮으셔서 경제적인
능력이 없었기에 좀처럼 자리를 잡기 힘들었습니다. 29세에 결
혼하면서 휴대폰 판매점을 개업하였는데 어릴 적부터 쌓아온 세
일즈의 경험 때문인지 사업이 매우 잘 되었고, 단기간에 매장을

3개까지 확장하면서 경제적으로 안정을 찾게 되었습니다.

　이처럼 어릴 적부터 판매·영업하는 일을 하면서 '거절을 두려워하지 않는 자세', '실천하는 행동'이 얼마나 중요한지 잘 알고 있으며, 이런 습관들이 보험 관련 업무까지 이어져 세일즈와 관련된 일을 30년째 하고 있습니다. 현재는 유튜브를 통해서 실시간 보험 생방송을 5년째 진행하고 있습니다.

　2018년부터 본격적으로 유튜브를 시작했으며 현재는 구독자 약 3만 명으로 보험 유튜버 중에서 실사례 정보를 제공하는 가장 인지도가 높고 영향력이 있는 보험 전문가로 평가받고 있습니다.

　30년 가까이 세일즈를 하면서 수많은 사람들을 만났고, 특히 보험 유튜브를 5년간 진행하면서 수백 명이 넘는 설계사님들을 보면서 왜 설계사님들은 보험 영업을 어려워하는지, 그리고 어떤 교육을 하고 어떤 시스템을 만들어야 설계사님들이 성공할 수 있을지 잘 알게 되었습니다.

　보험 세일즈에서 가장 중요한 것은 사람과 사람 사이의 공감입니다. 고객과의 유대감이 무엇보다 중요합니다. 보험 이론과 약관 해석, 판례, 손해사정사급 고급 보상지식을 학습하고, 숙련된 설계 노하우와 상담 시 화법 등을 배우면 누구나 억대 연봉 설계사가 될 수가 있습니다. 이를 매일 연구하고 행동으로 습관으로 성과를 낸 사람이 바로 저입니다.

대한민국 최초로 혼합 설계를 연구했고, 수년간 기적 같은 성과를 냈으며 수없이 많은 설계사님들과 고객들이 저의 채널을 보고 실시간으로 보험 정보를 얻고 있으며 제가 운영하는 회사에 입사 문의를 하고 있습니다.

이에 2021년 5월부터 현재까지 수십 명의 보상전문가, 혼합설계 전문가를 양성하였으며, 2022년 10월부터는 보험 전문가 양성과정을 시작하였습니다. 지방에서도 십여 명이 넘는 설계사님들이 서울로 올라와서 한 달간 합숙하면서 보상업무, 설계업무 등의 보험 실무를 열심히 배우고 있으며, 보험에 관한 부정적인 인식을 바꾸고 선한 영향력을 주기 위해서 정말 부지런히 일을 하고 있습니다.

저의 인생 좌우명은 '후회하지 말자!'입니다. 저는 누가 시켜서 일하는 것이 아니라 제 스스로 일을 찾아서 하는 편입니다. 일을 잘할 수밖에 없는 습관이 일찍부터 형성되어 있었던 겁니다. 고객과 원만한 관계가 이루어지고 신뢰감이 형성되지 않으면 고객들이 먼저 "보험 점검 좀 해주세요."하고 요청하지 않습니다.

고객들은 보험 리모델링과 관련된 수많은 호객 전화에 지쳐 있습니다. 그런 고객들이 먼저 "상담 좀 해주세요!", "혼합 설계로 보장자산을 만들어주세요!"라고 할 때까지, 저는 손해사정사급 보상 실무 지식을 쌓았고 대한민국 최초로 혼합 설계 시스템을 만들었습니다. 수년 간 이룬 성과가 이를 증명합니다.

저는 사람 사는 이야기를 보고 듣는 것을 좋아합니다. 제 사무실이 있는 부천 역곡역은 하루 종일 유동 인구가 무척 많은 곳입니다. 5년 넘게 운영하고 있는 착한 보험 클리닉 매장에 앉아 수많은 사람들의 표정을 지켜볼 수 있습니다. 또한 〈동행 다큐〉나 〈인간극장〉과 같은 TV 프로그램을 좋아합니다. 사람 사는 냄새가 나기 때문입니다. 사람들이 살아가는 모습, 다양한 감정과 생각들을 보고 듣고 느끼고 공감하는 데 저는 많은 관심을 가지고 있습니다. 또한 보험업을 하다 보면 법률적 용어, 의학적 용어에 대한 이해가 필요하기 때문에 〈생로병사의 비밀〉이나 〈명의〉라는 TV 프로그램도 시간이 날 때마다 즐겨보는 편입니다.

저는 제가 남들보다 많이 배웠거나 재능이 뛰어나지 않다는 걸 누구보다 잘 알고 있습니다. 그렇기에 매사 노력하고 인내하고 성공하기 위해서 늘 열정을 가지고 일하는 습관이 몸에 배어 있습니다. 엄격한 잣대로 스스로를 평가하고 항상 자만하지 않으려고 노력합니다.

온라인 영업을 기반으로 매일 많은 고객님들을 만납니다. 그래서 밤에 잠을 잘 때도 핸드폰을 머리맡에 두고 자는 것이 습관이 되었고, 잠에서 깨면 핸드폰부터 보는 확인하는 습관이 들었습니다. 또 자주 유튜브 구독자나 생방송 조회 수가 늘었나 확인하는 습관 역시 생겼습니다.

보험은 불의의 사고 또는 질병 발생 시 불필요한 지출을 막아주고 큰 도움이 될 수 있습니다. 하지만 보험은 무형의 상품이기 때문에 가입 목적과 설계 기준을 고객들에게 설명하고 이해시키기 힘듭니다. 또한 많은 사람들이 보험으로 인해 금전적인 피해를 보았기에 보험의 필요성을 모르고 불신합니다. 그렇기에 보험사에 설계사로 취직했다고 하면 축하는커녕 대인관계마저 끊어진다고 합니다.

보험 설계사는 매우 전문적인 직업이지만 진입장벽이 낮아서 간단한 시험만 합격하면 남녀노소 불문하고 일을 시작할 수 있고 누구나 전문가 행세를 하면서 영업할 수 있습니다. 하지만 많은 설계사들이 제대로 된 교육을 받지 않아서 스스로 설계조차 할 줄도 모르고, 보험의 원리와 구체적인 특약에 대해 잘 알지도 못하는 경우가 대부분입니다. 보험을 모르고 설계를 모르는데 어떻게 보험을 잘 판매할 수 있겠습니까.

저는 고객분들께서 보험을 제대로 알고 자신에 상황에 맞게 위험을 예측하고 필요한 특약을 선택하여 혼합 설계로 보장 자신을 만들고, 상황에 맞게 보험을 잘 활용하셔야 한다고 강조하고 싶습니다. 그래서 매일 몇 시간씩 유튜브로 보험 생방송을 수년간 진행하고 있는 것이고요.

저는 보험 역사에 제 이름 석 자를 남기고 싶습니다. 정말 간절한 꿈입니다. 제가 연구한 혼합 설계와 보상 실무로 많은 사람들에게 도움을 주고 싶습니다. 세상을 이롭게 하는 보험 지식과 정보를 많은 사람들에게 알리고 싶습니다. 이것은 단순히 마케팅만해서 돈을 벌고자 하는 목적은 아닙니다. 제대로 된 보험 가입의 목적, 실제 현실에서 일어나는 보험의 실체를 알리고 싶습니다.

- 보험으로 이익 보려고 하지 말자.
- 보험은 위험을 대비하는 것이 우선이다.
- 보험은 사람마다 가입하는 목적이 다르다.
- 보험은 변화하고, 보험상품도 계속해서 달라진다.
- 피보험자의 납입 여력, 건강조건, 직업 역시 계속해서 달라진다.
- 의학기술은 발전하고, 치료방법도 달라지고, 약관도 변한다.
- 위험은 예방할 수 있고, 위험도를 감소시킬 수 있다.

정보가 어두운 보험 계약자들은 전문지식이 없고 판단력이 부족하기에 설계사에 말만 믿고 가입과 해지를 반복할 뿐입니다. 이슈에 속아서 피해만 볼 뿐입니다.

제가 원하는 미래는 고객들 스스로 보험을 제대로 알고, 자신에게 맞는 특약을 선택해서 보장자산을 만들기 위해 혼합 설계를 하는 것입니다. 혼합 설계 전문가를 담당자로 두고 평생에 걸쳐서 보장자산을 만들어야 합니다. 소통하고 관리받아야 합니다. 꿈이 이뤄지는 그날까지 고객의 편에 서서 보험을 알리고 보험업계를 변화시켜 나가겠습니다.

보험명의 정닥터 드림